# Chwaeth y Chwiorydd

## GWEITHIAU AR BAPUR O GASGLIAD DAVIES

**Bethany McIntyre**

AMGUEDDFEYDD AC ORIELAU CENEDLAETHOL CYMRU

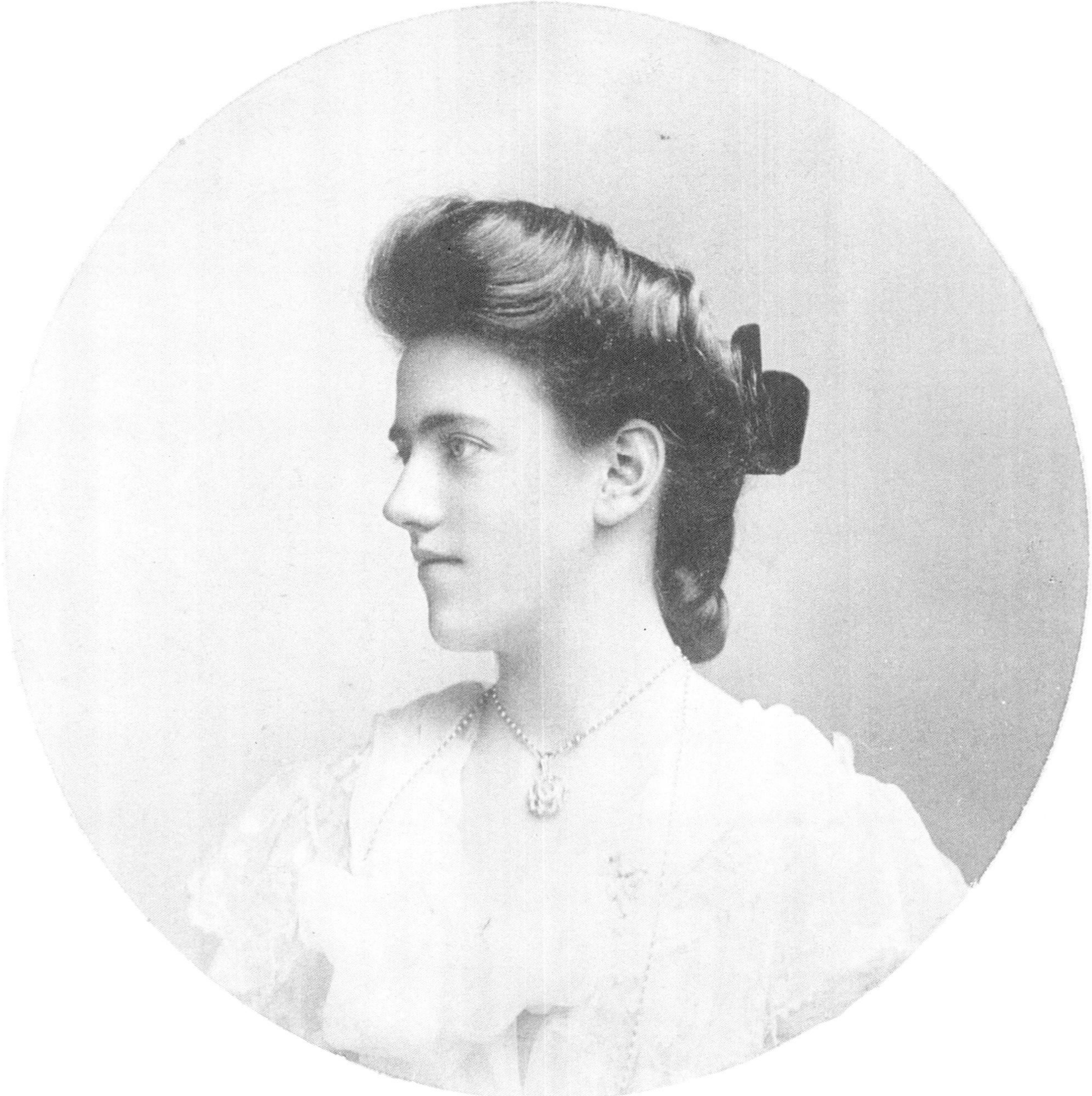

GWENDOLINE DAVIES

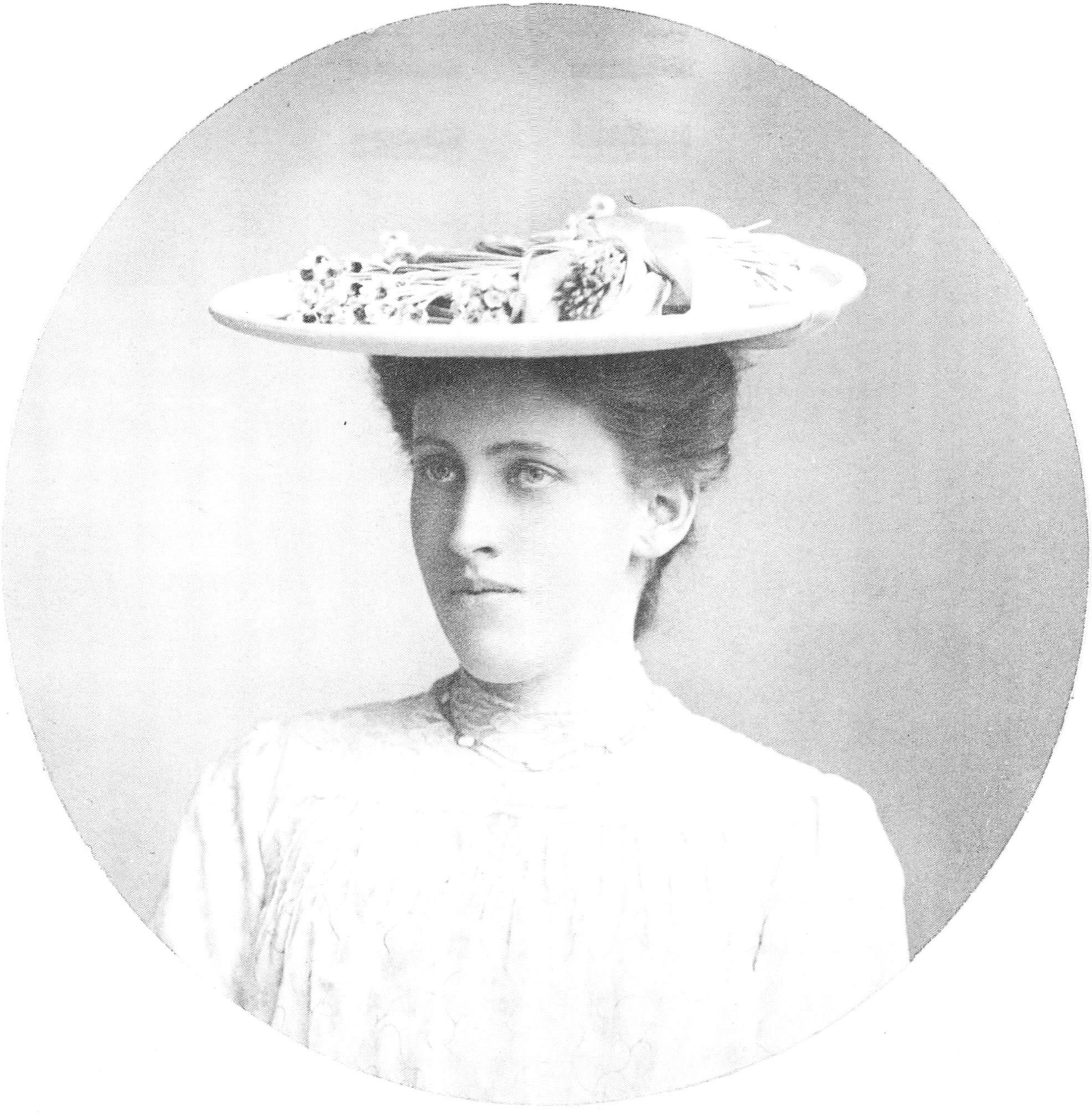

MARGARET DAVIES

**Cyhoeddwyd gyntaf ym Mhrydain yn 2000 gan Amgueddfeydd ac Orielau Cenedlaethol Cymru, Parc Cathays, Caerdydd CF10 3NP**

Ar achlysur yr arddangosfa
**Chwaeth y Chwiorydd: gweithiau ar bapur o gasgliad Davies**
Amgueddfa ac Oriel Genedlaethol, Caerdydd, 30 Medi - 11 Chwefror 2001
Yr Ysgol Gelf, Aberystwyth, 19 Mawrth 2001 - 18 Mai 2001
Oriel Gelf Victoria, Caerfaddon, 25 Awst 2001 - 4 Tachwedd 2001


ISBN: 0 7200 0491 8

**Manylion Catalogio-mewn-Cyhoeddiadau'r Llyfrgell Brydeinig**
Mae cofnod catalog ar gyfer y llyfr hwn ar gael gan y Llyfrgell Brydeinig.

Dyluniwyd a chynhyrchwyd gan A1 Design, Caerdydd
Argraffwyd yng Nghymru gan MWL Print Group Cyf.
Cyfieithwyd gan Sian Roberts



**Hawlfraint**

Amgueddfeydd ac Orielau Cenedlaethol Cymru yw deiliad hawlfraint yr holl ddarluniau sydd yn y gyfrol hon, ac eithrio'r canlynol, yr ydym yn ddiolchgar i ddeiliaid yr hawlfraint am ganiatâd i'w hatgynhyrchu:

Frank Brangwyn, *Tu mewn Y Duomo, Taormina,* © David Brangwyn
George Clausen, *Drws y Parthenon* ac *Y Llifwyr*, © Ystâd Clausen
Eric Gill, *Merch Noeth*, © Ystâd Eric Gill
Augustus John © Trwy garedigrwydd ystâd yr artist / Llyfrygell Gelf Bridgeman
Oskar Kokoschka, *Tirlun a Cholecerth*, © DACS 2000
Wyndham Lewis, *Ezra Pound* © trwy ganiatâd Ystâd Mrs G.A. Wyndham Lewis
Paul Nash, *Gregynog* ac *Field by a Wood,* © Tate Gallery, Llundain 2000
Pierre Paulus, *Ffoi*, 1914 © DACS 2000
Robin Philipson, *Ffenestr Ros,* © Ei weddw
Paul Signac, *St Tropez*, 1918 © ADAGP, Paris / DACS 2000
Stanley Spencer, *Hilda Spencer,* © Ystâd Stanley Spencer 2000. All rights reserved, DACS

Er y gwnaethpwyd pob ymdrech i nodi hawlfraint, mewn ambell i achos ni fu'n bosibl cysylltu â deiliaid hawlfraint. Byddem felly yn ddiolchgar pe bai deiliaid unrhyw hawlfraint sydd heb ei nodi gystal â chysylltu ag Amgueddfeydd ac Orielau Cenedlaethol Cymru.

# CYNNWYS

## RHAGAIR

Er bod llawer o bobl wedi bod yn hael iawn wrth Amgueddfeydd ac Orielau Cenedlaethol Cymru ers ei sefydlu ym 1907, mae gan y chwiorydd Gwendoline a Margaret Davies le unigryw yn ein hanes. Yn ystod y Rhyfel Byd Cyntaf, bu iddynt gyfrannu'n hael at gronfa adeiladu'r Amgueddfa Genedlaethol a, thrwy gymynroddi eu casgliadau personol o luniau a cherfluniau i Amgueddfa Genedlaethol Cymru ym 1952 a 1963, trawsnewidiwyd casgliadau celfyddydol yr Amgueddfa yn llwyr ganddynt o ran eu hansawdd a'u cynnwys. Mae gweithiau Ffrengig o'r bedwaredd ganrif ar bymtheg, yn baentiadau olew a cherfluniau, a roddwyd gan y chwiorydd yn enwog trwy'r byd erbyn hyn a gofynnir yn aml am gael eu benthyg i'w dangos mewn arddangosfeydd o bwys ym mhedwar ban byd. Ond nid yw'r darluniau a'r lluniau dyfrlliw a roesant mor enwog.

Prynodd y chwiorydd lawer o'r gweithiau hyn yn eu fframiau ac nid oeddent hwy, fel curaduron amgueddfeydd heddiw, yn gwahaniaethu rhyngddynt a lluniau olew, er eu bod yn sylweddoli bod golau dydd yn niweidiol i weithiau ar bapur. Heddiw, mae'r gweithiau hyn yn cael eu cadw yn yr Ystafell Astudio Printiadau a Darluniau yn yr Amgueddfa ac Oriel Genedlaethol, mewn blychau solander, ac mae'n rhaid bod yn ofalus wrth benderfynu ymhle i'w harddangos ac am ba hyd. Yr arddangosfa hon yn ein rhaglen newidiol yw'r tro cyntaf i'r rhan hon o'r Casgliad Davies gael ei harddangos. Yn ogystal, hwn yw'r cyhoeddiad cyntaf i drafod y rhan hon o'r casgliad. Cydnabyddir yma y rhan bwysig a fu gan Hugh Blaker yn natblygiad eu casgliad ond gwelir hefyd bod ganddynt farn annibynnol chwaeth unigol.

Mae unrhyw astudiaeth o'r Casgliad Davies yn ddyledus iawn i waith John Ingamells ac mae ei lyfr ef ar y casgliad o gelfyddyd Ffrengig, a gyhoeddwyd ym 1967, yn dal yn gyfeirlyfr gwerthfawr iawn. Mae'r cyhoeddiad hwn yn adeiladu ar ei astudiaeth arloesol ef ac ar ymchwil goleuedig Robert Meyrick, Uwch Ddarlithydd a Cheidwad yn Ysgol Gelf Aberystwyth ar Hugh Blaker ac ar gasgliad printiadau Gregynog. Hoffem dalu teyrnged hefyd i ymchwil Mark Evans, Pennaeth Paentiadau yn Amgueddfa Victoria ac Albert a chyn Geidwad Cynorthwyol yn yr Amgueddfa ac Oriel Genedlaethol. Mae adnabyddiaeth Dr Evans o'r Casgliad Davies yn unigryw a bu'n cydweithio â Ann Sumner a Oliver Fairclough i olygu'r cyhoeddiad. Bethany McIntyre, Curadur Cynorthwyol (Printiadau a Darluniau), a gafodd y syniad ar gyfer yr arddangosfa. Bu hi'n gweithio'n ddiflino i gael y gwaith yn barod mewn pryd ac mae wedi ysgrifennu adroddiad difyr ar yr agwedd hon ar y casgliad. Ymhlith y bobl eraill sydd wedi rhoi o'u hamser a'u harbenigedd mae Jon Bennington o Oriel Gelfyddyd Victoria yng Nghaerfaddon lle bu'r Casgliad Davies yn cael ei arddangos o 1918 tan 1920, Sue Sloman, David Hill a Tom Mulhearn, Cyfarwyddwr Gregynog. Mae holl aelodau'r Adran Gelfyddyd wedi cyfrannu at yr arddangosfa ond mae'n rhaid cyfeirio'n arbennig at y ddwy sydd wedi gwneud gwaith cadwraeth ar y gweithiau ar bapur, Emily Gilbert a Christine Mackay.

Rydym yn eithriadol o ddiolchgar i Gyfeillion Amgueddfeydd ac Orielau Cenedlaethol Cymru. Mae eu cefnogaeth hael wedi ein galluogi i gyhoeddi'r llyfryn hwn sy'n gwneud cyfiawnder ag elfen eithaf anghyfarwydd o'r Casgliad Davies. Bu'n rhaid i'n Hadran Gyhoeddiadau weithio'n galed i sicrhau bod y gwaith dylunio a chynhyrchu'n barod mewn pryd gan fod amser yn brin. Unwaith eto, diolch i bawb.

**Anna Southall** Cyfarwyddwr, Amgueddfeydd ac Orielau Cenedlaethol Cymru
**Michael Tooby** Cyfarwyddwr, Yr Amgueddfa ac Oriel Genedlaethol

## GWENDOLINE A MARGARET DAVIES – FEL CASGLWYR GWEITHIAU AR BAPUR

Mae stori Gwendoline Davies (1882-1951) a Margaret Davies (1884-1963) yn un ryfeddol: dwy chwaer ddi-briod a fagwyd yng nghanolbarth Cymru, heb draddodiad teuluol o gasglu gweithiau celfyddyd, ond a grynhodd un o gasgliadau celfyddydol gorau Prydain yn yr ugeinfed ganrif. Ym 1951 a 1963, bu iddynt gymynroddi dau gant a chwe deg o weithiau i Amgueddfa Genedlaethol Cymru gan drawsnewid casgliad celfyddydol yr Amgueddfa yn llwyr o ran ei gymeriad, ei ansawdd a'i amrywiaeth. Ceir saith deg pedwar o'r gweithiau hyn yn eu casgliad pwysig o waith ar bapur a dyma'r agwedd ar eu casglu a drafodir yn yr astudiaeth hon.

Y darn cyntaf o gelfyddyd y gwyddom i'r chwiorydd ei brynu oedd darlun dyfrlliw, *Algeriad* gan Hercules Brabazon Brabazon[1], a brynwyd gan Margaret ym 1906 o arddangosfa yn Oriel Goupil, Llundain.[2] Aethant ati wedyn i adeiladu casgliad helaeth o weithiau ar bapur sydd, hyd yma, wedi bod yng nghysgod eu casgliad o baentiadau a cherfluniau. Cymynroddwyd tri deg un o weithiau ar bapur i Amgueddfa Genedlaethol Cymru gan Gwendoline a phedwar deg tri gan Margaret a oedd hyd yn oed yn fwy o gasglwraig na'i chwaer. Fel y gallech ddisgwyl, prynwyd nifer o ddarluniau a lluniau dyfrlliw Ffrengig o'r bedwaredd ganrif ar bymtheg ganddynt, gyda darnau gwych o waith Paul Cézanne, Honoré Daumier, Pierre Puvis de Chavannes, Paul Signac a Camille Pissarro. Roeddent yn prynu darnau gan arlunwyr o Brydain o'r ddeunawfed a'r bedwaredd ganrif ar bymtheg hefyd, yn cynnwys lluniau dyfrlliw a darluniau gan J.M.W. Turner a William Blake (*gweler Llun 6*) yn ogystal â gwaith o'r ugeinfed ganrif gan Augustus John, Josef Herman, Oskar Kokoschka, Stanley Spencer, Percy Wyndham Lewis, Frank Brangwyn, Eric Gill, J.D. Innes a Ray Howard Jones.

### CEFNDIR Y TEULU

Roedd Gwendoline a Margaret Davies yn wyresau i David Davies, Llandinam (1818-1890), dyn a ddechreuodd ei yrfa fel llifiwr cyffredin ond a ddaeth yn eithriadol o gyfoethog trwy gontractio, fel perchennog pyllau glo, a thrwy ddatblygu rheilffyrdd a dociau. Bu eu mam, Margaret Jones, farw'n ifanc ym 1888 ac wedyn fe briododd eu tad, Edward Davies (1852-98) â'i chwaer hi, Elizabeth Jones (1853-1942). Ym 1898, bu farw Edward Davies hefyd ac fe fagwyd Margaret, Gwendoline a'u brawd David (1880-1944),[3] gan eu llysfam, Elizabeth, ym Mhlas Dinam, yn Fethodistiaid Calfinaidd cadarn.[4] Cafodd eu ffydd ddylanwad mawr ar Margaret a Gwendoline a oedd yn llwyrymwrthodwyr ac yn credu'n gryf mewn cadw'r Saboth tra buont. Er iddynt gael eu magu mewn traddodiad oedd yn gwahardd gweithgareddau fel dawnsio a'r opera, fe fagodd y ddwy ddiddordeb yn y celfyddydau yn ifanc iawn. Roedd Margaret yn canu ac yn canu'r delyn ac, am gyfnod byr, bu'n fyfyriwr yn Ysgol Gelfyddyd y Slade. Roedd Gwendoline hithau'n gerddor dawnus a ganai'r feiolin a'r organ. Bu'r ddwy chwaer yn teithio cryn dipyn dramor yng nghwmni eu hathrawes gartref, Jane Blaker.

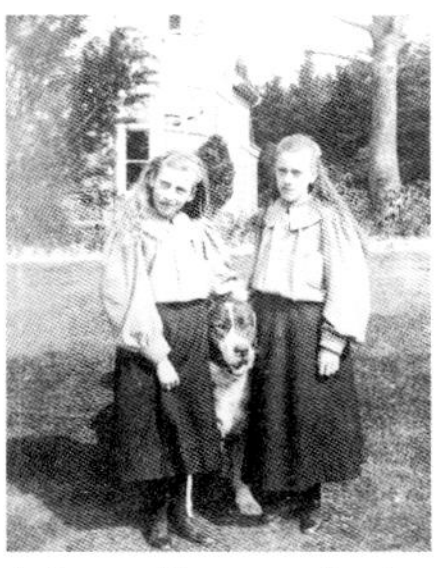

*Gwendoline a Margaret Davies yn Mhlas Dinam*

Erbyn 1907, roedd y chwiorydd ymhlith y merched di-briod cyfoethocaf ym Mhrydain. Roedd ganddynt ffortiwn o ryw £1,000,000 rhyngddynt ac incwm blynyddol o tua £40,000 yn y blynyddoedd llewyrchus cyn y Rhyfel Byd Cyntaf.[5] Parhaodd y ddwy â thraddodiad dyngarol y teulu, gan gefnogi achosion fel yr ymgyrch yn erbyn y ddarfodedigaeth. Erbyn 1908 roeddent hefyd yn gwario cyfran sylweddol o'u hincwm ar grynhoi casgliad o weithiau celfyddyd.

Roedd cyfanswm gwariant Gwendoline a Margaret ar luniau dyfrlliw a darluniau yn llawer llai na'u gwariant ar baentiadau olew a cherfluniau. Roeddent yn gwario dros £3000 ar lun olew yn aml, ond ni thalwyd mwy na £1000 am yr un llun dyfrlliw na darlun ar wahân i lun dyfrlliw gan Turner o *Ehrenbreitstein* (a ailenwyd erbyn hyn yn *Würzburg*), a brynwyd ym 1919 am £1520. Roedd y darnau gan arlunwyr Ffrengig yn dal yn gymharol rad. Er enghraifft, flwyddyn ar ôl prynu *Würzburg*, prynodd Gwendoline ddau lun dyfrlliw gan Cézanne am £165 yr un ac, ym 1922, prynodd ddau ddarlun gan Daumier, *Pen Dyn* a *Dau Fraslun ar gyfer Dychweliad y Mab Afradlon* am £200. Fel rheol, nid yw lluniau dyfrlliw a darluniau mor gostus â phaentiadau olew, ond rheswm arall pam yr oedd cyfanswm y gwariant arnynt yn llai yw na phrynwyd cynifer o weithiau ar bapur ganddynt. Dim ond yn y flwyddyn 1919, pan brynodd Gwendoline gasgliad mawr o ddarnau gan Augustus John, y bu iddynt brynu rhagor o luniau dyfrlliw a darluniau nag o luniau olew.

Ym 1908 y dechreuodd Gwendoline a Margaret gasglu o ddifrif. Rhyngddynt, bu iddynt wario dros £19,000 yn y flwyddyn honno ar chwe llun olew ac un llun dyfrlliw, golygfa o Rye yn Sussex gan Turner (*gweler Llun 8*), a brynwyd am £682.10.0 o Christie's. Dyma'r tro cyntaf o lawer y bu i Hugh Blaker (1873-1936) weithredu ar ran y chwiorydd.

## CYNGHORWYR A MASNACHWYR

Ar wahanol gyfnodau, bu'r chwiorydd yn dibynnu ar nifer o bobl am gymorth a chyngor mewn perthynas â'u casgliad. Ysgrifennodd Gwendoline ym 1923, 'We have at our call: Blaker, Maynard, Urquhart, Fred Richards[6], Greenslade[7] & lots of others.'[8] O'r rhain i gyd, Blaker a fu â'r rhan amlycaf yn y gwaith o lunio eu casgliad. Cyflwynwyd hwy i Hugh Blaker gan eu hathrawes gartref, Jane Blaker, a oedd yn chwaer iddo. Ar wahanol gyfnodau yn ei yrfa, bu Blaker yn arlunydd, yn awdur, yn feirniad, yn gasglwr, yn *connoisseur* ac yn Guradur Amgueddfa Holburne of Menstrie yng Nghaerfaddon (1906-1913). Credir mai ef a gyflwynodd y chwiorydd i gasglu tra oedd yn gweithio yng Nghaerfaddon, ac yna daeth yn gynghorydd ac yn asiant iddynt. Ar ôl i'r chwiorydd gymynroddi eu casgliad i Amgueddfa Genedlaethol Cymru, ysgrifennodd Murray Urquhart (1880-1972), 'so much is due to Blaker, indeed everything is due to him'[9]. Roedd ganddo ran hollbwysig i'w chwarae yn eu penderfyniad i brynu llawer o ddarnau ac ef a arweiniodd y chwiorydd at gasglu celfyddyd Ffrengig, yn cynnwys lluniau dyfrlliw a darluniau. Byddai'n rhoi gwybod i'r chwiorydd pan oedd yn prynu darnau diddorol iddo ef ei hunan hefyd. Ysgrifennodd at Gwendoline ym 1918, 'I have a beautiful Turner water colour of Cologne - one of the series of Rhine Drawings of 1819... I think it would be very cheap at £450 or so. The subject is the quay with a number of figures and boats and buildings in the mist. This is just a report of my latest acquisition in case you or Miss Daisy[10] would be

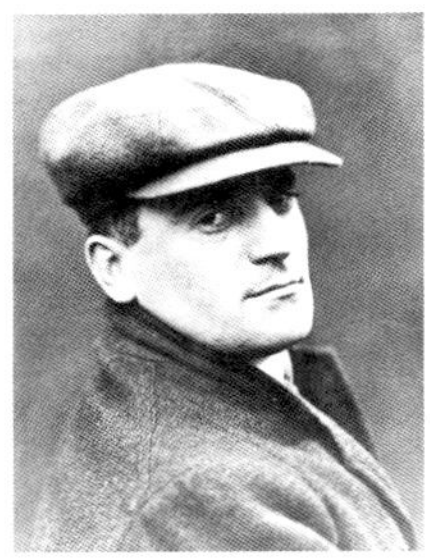

*Hugh Blaker*

interested before it is sent to America...Hope I don't appear "pushful": it is simply a notification of a very fine series - many have fetched very large prices. I think Thomson would want about a thousand for it! You once intimated that I should let you know when I have anything of interest so I venture.'[11] Mewn gwirionedd, ni phrynodd Gwendoline y llun hwn tan 1919 trwy Oriel Barbizon House am £350. Er bod Blaker o'r farn mai ef oedd prif gynghorydd y chwiorydd, ni fu erioed yn bensaer eu casgliad. Ysgrifennodd Gwendoline, 'The great joy of collecting anything is to do it yourself - with expert opinion granted, but one does like to choose for oneself, all the time we have been collecting our pictures we have never bought one without either having seen it or at least a photograph before purchasing.'[12]

Roedd Blaker yn awyddus i sicrhau bod y casgliad yn cael ei arddangos ac fe aeth ati i drefnu benthyciadau i orielau cyhoeddus. O fis Chwefror tan fis Mai 1913, cynhaliwyd arddangosfa o ddarnau benthyg yn Neuadd y Ddinas, Caerdydd o dan nawdd Amgueddfa Genedlaethol Cymru ac, yn nes ymlaen, yn Amgueddfa Holburne of Menstrie, Caerfaddon.[13] Ym 1918, ysgrifennodd at ei gyfaill John Witcombe[14] (1872-1918), Curadur Oriel Gelfyddyd Victoria, Caerfaddon, yn sôn am roi rhai o'r darnau ar fenthyg.[15] Cyrhaeddodd llawer o'r gweithiau a roddwyd ar fenthyg, yn cynnwys dau baentiad gan Cézanne, yn uniongyrchol o Oriel Bernheim-Jeune ym Mharis, i gael eu harddangos ym Mhrydain am y tro cyntaf. Daeth dros bum mil o ymwelwyr i'r arddangosfa flaengar hon mewn 19 diwrnod a, chymaint oedd y diddordeb, nes y bu'n rhaid ei hagor ar brynhawniau Sul.[16] Cafodd yr arddangosfa sylw yn y wasg genedlaethol a chan feirniaid ac arlunwyr fel Clive Bell. Nid oedd yr un darn o waith ar bapur yn arddangosfa 1913 a dim ond un, *Pyramus John*[17] gan Augustus John gafodd ei gynnwys yn arddangosfa 1918. Yr awgrym yw mai ar gyfer mwynhad personol yn hytrach na'u harddangos i'r cyhoedd yr oedd gweithiau ar bapur yn cael eu prynu yn y cyfnod hwn.[18]

Daeth Murray Urquhart, hen gyfaill ysgol i David Davies, yn ffrind da i Blaker a'r chwiorydd. Bu'n helpu i reoli eu casgliad, yn enwedig ar ôl marw Blaker ym 1936, ac ef a ysgogodd arddangosfa 1913.[19] Un arall a fu'n gynghorydd ac yn gynorthwy-ydd i'r chwiorydd oedd Robert Ashwin Maynard (1888-1966), a benodwyd yn Rheolwr cyntaf Gwasg Gregynog ym 1921.[20] Ef oedd yn trefnu gwaith cadwraeth ar y gweithiau papur yn y casgliad.

Ar ôl i Blaker ac eraill eu cyflwyno i fyd celfyddyd, dechreuodd y chwiorydd brynu'n uniongyrchol o orielau. Gwerthwyd llawer o ddarnau iddynt gan David Croal Thomson o Wallis & Son yn ystod blynyddoedd cynnar eu gyrfa gasglu. Ysgrifennodd ef at Gwendoline ar 18 Gorffennaf 1910, 'Given the lines you have set yourself you will soon have a first rate collection'.[21] Roedd y rhagolygon am gasgliad gwych eisoes yn dda. Daeth y chwiorydd i adnabod Emile Bernheim hefyd.[22] Ysgrifennai ef yn aml at y chwiorydd mewn Ffrangeg, yn trafod y gweithiau a oedd ar gael ganddo yn ei oriel, Bernheim-Jeune ym Mharis, a daeth i'w gweld yn Llundain. Ar ôl prynu paentiadau gan Cézanne oddi wrtho, aeth y ddwy chwaer ymlaen i brynu gweithiau eraill yn cynnwys llawer o'u lluniau dyfrlliw Ffrengig o'r bedwaredd ganrif ar bymtheg. O'i gymharu â'i bartneriaid allblyg a lliwgar, roedd Emile Bernheim yn ddyn tawel a diymhongar a oedd yn mynd i'w waith ar gefn beic, ac mae'n debyg bod y symlrwydd hwnnw'n apelio at y chwiorydd.[23]

## Y CASGLU CYNNAR

Roedd Margaret a Gwendoline yn casglu ar y cyd ac ar wahân ac ni ddaeth yn amlwg pa un ohonynt oedd biau pa ddarnau tan yn ddiweddarach. Weithiau, ni wyddai curaduron arddangosfeydd pa ddarnau oedd yn eiddo i ba un o'r chwiorydd. Mewn llythyr dyddiedig Ebrill 24 1918 at un o'r chwiorydd (Gwendoline, mae'n fwy na thebyg) yn diolch iddi am roi benthyg gweithiau i Gaerfaddon, ysgrifennodd John Witcombe: 'I do not know if I ought to include your sister in these thanks. I mean I do not know the precise ownership of the various works. I feel sure I ought, so will you be so kind as to ask her to accept this very inadequate acknowledgement.'[24] Er ei bod yn ymddangos bod llawer o'r gweithiau wedi'u prynu ar y cyd gan y chwiorydd, mae asesiad o'r lluniau dyfrlliw a'r darluniau yn y ddwy gymynrodd yn dangos bod y darnau a brynwyd ganddynt yn amrywio yn ôl chwaeth ac amcanion y ddwy chwaer.

## CASGLIAD GWENDOLINE

Rhwng 1908 a 1923, prynodd Gwendoline dri deg un o weithiau ar bapur gan bum arlunydd. Erbyn hyn, mae ysgolheigion yn gwahaniaethu rhwng gwaith ar bapur a phaentiadau, ond ar y pryd, roedd Gwendoline a Margaret yn prynu lluniau dyfrlliw a darluniau ochr yn ochr â lluniau olew. Nid oeddent yn datblygu casgliad ar wahân o weithiau ar bapur.[25] Er enghraifft, prynodd Gwendoline ei llun dyfrlliw cyntaf, *Rye, Sussex* gan Turner (*gweler Llun 8*) ym 1908, sef yr un flwyddyn ag y prynodd y darlun olew *Bore ar ôl y Storm*. Erbyn diwedd 1913, roedd wedi prynu tri llun dyfrlliw arall gan Turner ac, yn ogystal, roedd wedi dechrau prynu gweithiau cyfandirol o'r bedwaredd ganrif ar bymtheg, yn cynnwys ei gweithiau cyfandirol cyntaf ar bapur: llun dyfrlliw gan Daumier o'r enw *Y Cyfreithiwr a'i Glient* (*gweler Llun 4*) a'r gwaith symbolaidd, *Tro Llawen* gan Matthuis Maris.

Ym mis Medi 1916 nododd Blaker yn ei ddyddiadur ei fod wedi 'ysbrydoli' y chwiorydd Davies i brynu *Efa* gan Rodin, nifer o baentiadau cynnar John a dau ddarlun.[26] Roedd Gwendoline wedi prynu deg paentiad olew gan Augustus John ac un darlun, llun o'i fab Pyramus. Dair blynedd yn ddiweddarach, prynodd ddeg darlun arall (*gweler Llun 12*) a set o ysgythriadau. Roedd Hugh Blaker wrth ei fodd â gwaith John. Ar ôl i John gael ei wrthod gan y fyddin ym 1916, ysgrifennodd Blaker, 'Genius is too rare stuff for German machine guns, and I rejoice'.[27] Roedd gan Blaker ddiddordeb arbennig yn narluniau John, ac fe ysgrifennodd erthygl amdanynt ar gyfer y cylchgrawn *Colour*. Pan gyfarfu â John am y tro cyntaf, anogodd ef i dynnu ffotograff o ddarlun rhagarweiniol ar gyfer addurn tri deg naw troedfedd i'w arddangos yn y sioe Gelf a Chrefft yn yr Academi Frenhinol oherwydd 'the drawing is so vital and 'big''.[28] Casglodd Gwendoline ragor o weithiau ar bapur gan John na chan yr un arlunydd arall. Roedd yn ddrafftsmon penigamp, felly roedd yn beth rhesymegol i gynnwys lluniau o ffigurau gan John yn eu casgliad yn ogystal â phaentiadau olew.

Ar ôl iddi brynu dau lun olew gan Cézanne ym 1917, prynodd Gwendoline dri llun dyfrlliw ganddo dair blynedd yn ddiweddarach. Dim ond dau o'r rhain sydd yn yr Amgueddfa ac Oriel Genedlaethol, *Y Plymiwr* ac *Ymdrochwyr* (*gweler Llun 1*). Gwerthodd Margaret y llall, *Nature Morte*, yn Sotheby's ym 1960. Dyma'r unig waith a brynwyd gan Gwendoline ac a werthwyd wedyn, ac mae'n debyg mai darn a brynwyd ar y cyd ydoedd. Yn yr un flwyddyn,

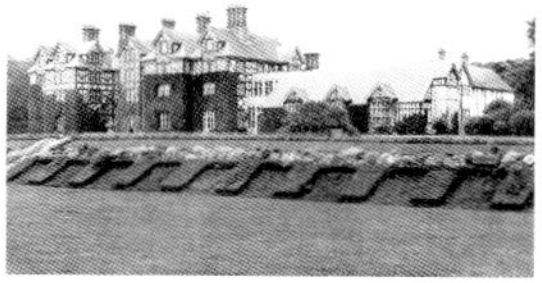

*Plas Gregynog*

prynodd lun dyfrlliw gan Signac hefyd, *St Tropez*, o Oriel Eldar. Mae tirluniau lliwgar yn thema sy'n digwydd dro ar ôl tro yng nghasgliad y chwiorydd. Mae'r gwaith hwn a'r lluniau dyfrlliw gan Cézanne yn gyfansoddiadau gorffenedig a byddent yn cael eu hystyried, eu fframio a'u hongian yn yr un ffordd, fwy neu lai, â'r lluniau olew.

Rhwng 1921 a 1923, yr unig weithiau ar bapur a brynodd Gwendoline oedd tri gan Daumier, *Y Cyfreithiwr yn Cerdded, Pen Dyn* a *Dau Ddarlun ar gyfer Dychweliad y Mab Afradlon*. Ar wahân i ychydig o luniau olew, y rhain oedd y gweithiau olaf iddi eu prynu. Ceir esboniad ar hyn mewn llythyr a ysgrifennodd ym mis Tachwedd 1921 at Thomas Jones (1870-1955), a oedd yn Ysgrifennydd Cynorthwyol i'r Cabinet ar y pryd, yn olygydd *The Welsh Outlook* ac yn gyfaill da ac yn gynghorydd i'r chwiorydd. Yn y llythyr dywed: 'Thank you for telling us about the John pictures. I have not bought any for 18 months, we simply cannot in face of the appalling need everywhere - Russian children, Earl Haig's ex-soldiers, all so terribly human. After all, it is humanity that needs help and sympathy isn't it?'[29]

Erbyn hyn, roedd materion eraill ar feddwl Gwendoline. Nid yn unig yr oedd yn cefnogi nifer cynyddol o achosion cymdeithasol, ond roedd yn ymwneud fwyfwy â datblygiad Gregynog, tŷ a stad ger y Drenewydd a brynwyd gan y chwiorydd ym 1920, i fod yn ganolfan ar gyfer datblygiad celfyddydol yng Nghymru. Symudodd y chwiorydd yno ym 1924 a pharhau i fyw yno tan 1960 pan roddodd Margaret ef i Brifysgol Cymru, i'w ddefnyddio'n ganolfan addysgol. Ar ôl symud, roedd gan y chwiorydd lai o le i hongian y lluniau yn eu casgliad.

Ym 1952, gwnaeth Gwendoline gymynrodd o'i holl weithiau celfyddyd o bwysigrwydd cenedlaethol i Amgueddfa Genedlaethol Cymru.[30] Gwnaeth Margaret restr o'r darnau yr oedd Gwendoline yn berchen arnynt. Penderfynodd Cyfarwyddwr a Cheidwad Celfyddyd yr Amgueddfa bod pob un o'r tri deg un o weithiau ar bapur a gynigiwyd yn perthyn i'r dosbarth hwn ac felly fe'u derbyniwyd.

## CASGLIAD MARGARET

Roedd Margaret yn llawer mwy chwannog o gasglu gweithiau ar bapur. Cafodd yr Amgueddfa Genedlaethol bedwar deg tri o ddarluniau a lluniau dyfrlliw o'i chymynrodd hi, er ei bod yn berchen ar eraill hefyd. Roedd Margaret yn gallu arlunio ac mae'n debyg bod darluniau a lluniau dyfrlliw yn apelio mwy ati hi nag at ei chwaer. Yn y blynyddoedd cynnar, dim ond dau lun dyfrlliw a brynodd Margaret, *Algeriad* gan Brabazon ym 1906 a *Dychwelyd o'r Caeau* gan Israels ym 1910. Erbyn 1912, pan oeddent yn casglu rhagor ac wedi dechrau prynu gweithiau Ffrengig pwysig o'r bedwaredd ganrif ar bymtheg, roedd Margaret yn prynu gweithiau da ar bapur gan arlunwyr o Brydain ac Ewrop. Ymhlith y rhain roedd Léon Lhermitte, *Dychweliad y Cynaeafwyr* (*gweler Llun 3*), dau lun dyfrlliw gan Turner, *St. Goar* a *Lôn yn y Goedwig* a dau ddarn gan George Clausen, *Drws Gorllewinol Y Parthenon yng Ngolau'r Lleuad* ac *Y Pwll Llifio*. Ym mis Mawrth 1914, prynodd Margaret waith gan Jan Hendrik van Mastenbroek, *Camlas yn Overschie, Y Machlud*. Rhoddodd y gorau i brynu gweithiau ar bapur tan 1920 pan brynodd 12 darn pwysig mewn blwyddyn, *Braslun ar gyfer 'Legende de Ste Geneviève'* gan Puvis de Chavannes, pedwar llun dyfrlliw gan Maurice de Vlaminck, chwe darlun gan Pissarro (*gweler Llun 2*) a llun dyfrlliw gan Turner, *Rhaeadrau ar Afon Rhein*. Yn y flwyddyn honno y prynodd Gwendoline y ddau lun dyfrlliw gan Cézanne a'r darn gan Signac.

O 1921 tan 1927, trodd Margaret ei sylw at waith gan arlunwyr o Brydain ac fe brynodd bortread o *Ezra Pound* (*gweler Llun 9*) gan Percy Wyndham Lewis ym 1921, pum llun dyfrlliw gan Alfred Rich ym 1923 a thirlun gan Turner, o'r enw *Tirlun gyda gwartheg*. Roedd y diddordeb mawr ac amrywiol hwn mewn celfyddyd Brydeinig yn nodweddiadol o'r darnau a gasglodd yn nes ymlaen.

Ar ôl bwlch o saith mlynedd, ailddechreuodd Margaret gasglu ym 1934, ond gyda nod a phwyslais gwahanol. Mae'r gweithiau o'r cyfnod hwn yn wahanol iawn eu cymeriad. Symudodd Margaret oddi wrth ddylanwad Ffrengig y blynyddoedd cynnar a dechrau canolbwyntio ar gelfyddyd Brydeinig yr ugeinfed ganrif. Parhaodd y diddordeb hwn tan fisoedd olaf ei bywyd. Er iddi wario cryn dipyn yn llai ar y gweithiau yn ystod yr ail gyfnod hwn, roedd yn prynu'n rheolaidd ac yn helaeth. Yn ystod y cyfnod hwn, prynodd gasgliad o olygfeydd o Gymru a dynnwyd gan Moses Griffith yn y ddeunawfed ganrif (*gweler Llun 7*), ond darluniau a lluniau dyfrlliw oedd y mwyafrif gan arlunwyr fel Augustus John, JD Innes, Murray Urquhart, John Piper, Paul Nash, Josef Herman (*gweler Llun 10*) a Stanley Spencer. Prynai weithiau cynrychioliadol o gelfyddyd modern ac anaml y prynai fwy nag un darn gan bob arlunydd. Yn ogystal, dechreuodd ymweld â gwahanol orielau, arddangosfeydd Cymdeithas Frenhinol yr Arlunwyr Dyfrlliw, y Gymdeithas Gelfyddyd Gain a Grŵp De Cymru a phrynu ohonynt.

Roedd nifer o resymau pam yr ailddechreuodd Margaret gasglu. Roedd wedi'i hyfforddi'n arlunydd,[31] ac efallai bod hynny wedi dylanwadu ar ei phenderfyniad i brynu gwaith gan ei chyfoedion, ond hefyd roedd yn dymuno hyrwyddo safon y gelfyddyd a gynhyrchid yng Nghymru. Efallai ei bod yn casglu enghreifftiau da o waith gan arlunwyr cyfoes i hyrwyddo'r nod hwn. Roedd Margaret a Gwendoline yn bresennol yng nghyfarfod cychwynnol Cymdeithas Celfyddyd Gyfoes Cymru ym 1937 a buont yn swyddogion yn y gymdeithas. Cynigiodd y Pwyllgor Gwaith enw Margaret yn Llywydd cyntaf y Gymdeithas ond ildiodd ei lle er anrhydedd i Augustus John ac aeth yn Is Lywydd. Bu hefyd yn brynwr dros y Gymdeithas ym 1954.[32] Roedd hyn yn adlewyrchiad o'i diddordeb mawr mewn celfyddyd gyfoes a bu'n symbyliad iddi gasglu darnau iddi ei hunan hefyd. Erbyn hyn, roedd llawer o'r arlunwyr Ffrengig y bu Gwendoline a Margaret yn prynu eu gwaith rhyw ddeng mlynedd ar hugain ynghynt, yn uchel eu parch ym Mhrydain a gwelwyd bod gan y merched reddf broffwydol. Mae'n bosib bod Margaret yn prynu gyda hynny mewn cof neu efallai ei bod yn teimlo y byddai'r casgliad yn fwy cyflawn pe bai'n cynnwys gwaith cyfoes.

Gwerthodd Margaret saith darn yn Sotheby's ar 24 Chwefror 1960 a deunaw darn arall ar 4 Mai am gyfanswm o £48,870. Yn eu plith, roedd nifer o luniau dyfrlliw a darluniau pwysig gan Millet[33], Vlaminck, Pissarro, Turner, Daumier a Cézanne. Roedd sawl darn gan bob un o'r arlunwyr yn y casgliad ac fe ddefnyddiwyd yr arian a gafwyd o werthu'r darnau i brynu gweithiau cyfoes yn bennaf. Rhoddodd Margaret lawer o'i phaentiadau ar fenthyg i'r Amgueddfa Genedlaethol yn y flwyddyn hon a bu'n ymgynghori â John Steegman, y Ceidwad Celf am ei chasgliad. Y dybiaeth gyffredinol oedd y byddai'r casgliad yn dod i'r Amgueddfa. Ysgrifennodd at Margaret, 'This means that the collection must now be considered as having passed from the private to the institutional stage. If that is accepted... the personal tastes or distastes of the collector must to some extent give way to the tastes and requirements of the art-interested public,...not only of today but also of tomorrow.'[34] Anogodd ef hi i wneud ei chasgliad yn gyflawn gyda nifer o weithiau lled-haniaethol neu enghreifftiau o'r Ysgolion Argraffiadol modern. Cafodd rhai o'r darnau olaf

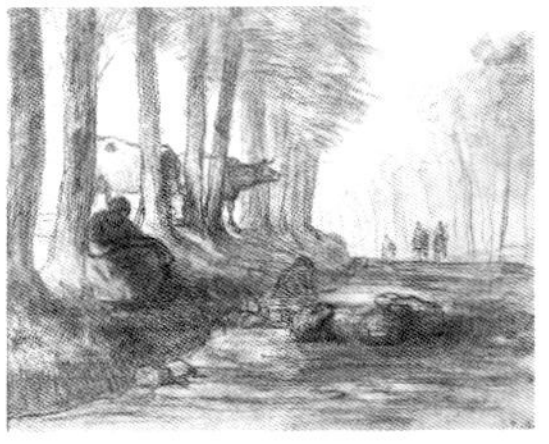

*Jean François Millet,* On the Roadside, *gwerthwyd mewn arwerthiant 1960. Ni wyddys ymhle y mae bellach.*

a brynodd, fel llun dyfrlliw gan Kokoschka, *Tirlun a Choelcerth*, eu hanfon yn syth i'r Amgueddfa. Roedd Margaret yn prynu'r darnau diwethaf mewn casgliad a oedd ar fin dod yn gasgliad cenedlaethol yn hytrach nag yn un personol. Fel y nodir yn ei hewyllys, roedd yn ymwybodol bod y darnau olaf a brynodd yn rhai arbennig a'u bwriad oedd bod y paentiadau modern yn mynd ar daith fel y gallai llawer o bobl eu gweld. Ym 1963, daeth pedwar deg dau o luniau dyfrlliw a darluniau i Amgueddfa Genedlaethol Cymru fel rhan o gymynrodd Margaret o weithiau o bwys cenedlaethol[35], un ar hugain ohonynt o ail gyfnod ei chasgliad.

Er bod y rhan fwyaf o'r gweithiau yng nghasgliad Margaret, ac eithrio'r rhai â gymynroddwyd yn uniongyrchol i Brifysgol Cymru, wedi dod i'r Amgueddfa Genedlaethol, roedd llawer o darluniau a lluniau dyfrlliw eraill yng Ngregynog. Cynigiwyd eu gwerthu i Brifysgol Cymru yn unol ag ewyllys Margaret. Mae'r rhan fwyaf ohonynt yn dal yng Ngregynog neu ar fenthyg i'r Ysgol Gelf, Aberystwyth. Lluniau dyfrlliw, darluniau a phrintiadau gan gyfeillion a chydnabod yw'r rhain yn bennaf, pobl oedd yn adnabod y chwiorydd neu a fu'n aros yng Ngregynog, yn eu plith Charles Sims, Murray Urquhart, Hugh Blaker, yr arlunwyr George Minne a Valerius de Saedeleer o Wlad Belg, ynghyd â rhai darnau gan Margaret Davies ei hunan.

Roedd Gwendoline a Margaret yn prynu printiadau hefyd. Yn eu plith roedd set o wyth deg pedwar o ysgythriadau gan Augustus John, pum darn gan Albrecht Dürer, tri gan Rembrandt, '*Set Afon Tafwys*' o ysgythriadau gan James Whistler, pum darn gan Jean-Louis Forain a dau gan Anders Zorn ynghyd ag eraill gan arlunwyr llai adnabyddus a phobl oedd yn gysylltiedig â Gwasg Gregynog. Ni wyddom sut y daeth y rhain i feddiant y chwiorydd ond roedd ganddynt ddiddordeb ffasiynol mewn casglu printiadau ac roeddent yn aelodau o Glwb y Casglwyr Printiadau. Teimlai ymddiriedolwyr Gwendoline nad 'lluniau' oedd y gweithiau hyn a'u bod yn fwy addas ar gyfer llyfrgell. Roedd Margaret a Gwendoline yn ymwneud â byd cynhyrchu llyfrau o ansawdd da yng Ngwasg Gregynog ac efallai eu bod yn cysylltu eu printiadau â'r maes hwn yn hytrach nag â'u casgliad o weithiau celfyddyd. Felly rhoddwyd hwy i Lyfrgell Genedlaethol Cymru, er bod Margaret yn awyddus i gael sicrwydd gan yr Amgueddfa na fyddent yn eu hawlio.[36]

## ARDDANGOS A CHADWRAETH

Roedd y chwiorydd yn arddangos eu lluniau fel casgliad ar y cyd, ym Mhlas Dinam i ddechrau ac yna yng Ngregynog ac yn eu fflat yn Llundain. Pan fu farw Gwendoline, roedd llawer o'r lluniau mwyaf gwerthfawr ar fenthyg i'r Llyfrgell Genedlaethol, ond roedd y rhan fwyaf o'r gweithiau ar bapur yn cael eu harddangos yng Ngregynog. Roedd mwyafrif y lluniau dyfrlliw, yn cynnwys y rhai gan Pissarro, Cézanne, Turner, Daumier, Maris, Gill, Blake, Clausen a Griffith yn cael eu harddangos yn y llyfrgell yno. Ar ôl symud paentiadau Gwendoline ym 1952, roedd llawer o weithiau ar bapur yn cael eu harddangos yn y stydi a'r llyfrgell. Bu llun Lhermitte, *Dychweliad y Cynaeafwyr* (*gweler Llun 3*) i'w weld mewn man amlwg yng nghyntedd yr ystafell gerdd, ond roedd wedi'i symud i'r stydi erbyn i Margaret farw ac roedd i'w weld gyda darn ar bwnc tebyg, gwaith Isräels, *Dychwelyd o'r Caeau*. Credir eu bod wedi dewis arddangos eu lluniau dyfrlliw a'u darluniau yn y llyfrgell gan eu bod yn llai o faint, ond efallai hefyd bod y chwiorydd o'r farn fod angen mynd yn agos at y darluniau a'r lluniau dyfrlliw i'w hastudio.

Rhoddodd y ddwy chwaer eu gweithiau celfyddyd ar fenthyg i amryw o arddangosfeydd ac orielau. Er enghraifft, bu paentiadau Cézanne ar fenthyg yn Oriel Genedlaethol Celfyddyd Prydain a nifer o ddarluniau Augustus John yn Arddangosfa'r Sefydliad Addysg Oedolion yng Ngholeg Harlech ym 1935.[37] Roeddent yn ymwybodol iawn o werth addysgol eu casgliad ac, er mai casgliad personol ydoedd, ni fu erioed yn un preifat. Pan nad oedd y gweithiau ar fenthyg, roedd llif cyson o ymwelwyr yn eu mwynhau yng Ngregynog.

Robert Maynard oedd yn trefnu'r gwaith cadwraeth ar y gweithiau ar bapur yn y casgliad. Ym 1949, ysgrifennodd at Gwendoline o Lundain i sôn am waith oedd yn cael ei wneud ar rai o'r darluniau a'r ysgythriadau yn yr Oriel Genedlaethol. Er bod llawer o'r gweithiau ar bapur yn cael eu harddangos, mae'n amlwg bod eraill yn cael eu cadw mewn portffolio. Ar ôl gweld un o gadwraethwyr yr Oriel Genedlaethol, ysgrifennodd, 'He tells me that the foxing (the reddish brown spots) cannot be entirely removed without damage to the paper but that he will do as much as he dare with safety..... It is all over the mounts and the portfolio - I have asked him to supply new mounts, whilst he will treat the portfolio before returning the drawings.' Aeth ymlaen i ddweud, 'The most difficult subject, he tells me, is the Innes water-colour which in its present state is ruined by the mass of spots in the sky'.[38]

## CASGLIADAU

Ymddengys nad oedd gan y chwiorydd drefn benodol ar gyfer prynu gweithiau ar bapur ond eu bod yn aml yn manteisio ar y cyfle i'w prynu ar yr un pryd â phaentiadau a cherfluniau gan wahanol artistiaid. Roedd casglwyr eraill yn y cyfnod hwnnw, yn cynnwys Constantine Ionides, Hugh Lane a Samuel Courtauld yn prynu gweithiau ar bapur yn yr un ffordd. Nid oedd y chwiorydd yn arbenigo mewn gweithiau o Oes Aur paentio lluniau dyfrlliw ym Mhrydain nac yn narluniau'r Hen Feistri. Fel yn achos eu paentiadau olew, aethant ati i grynhoi gweithiau ar bapur gan arlunwyr o'r cyfnodau ac yn yr arddulliau yr oedd ganddynt ddiddordeb ynddynt, er bod llawer o'r gweithiau hynny gan arlunwyr blaenllaw yn y maes. Er enghraifft, bu Daumier yn gweithio fel gwawdlunydd am flynyddoedd lawer, roedd Augustus John yn enwog am ei ddarluniau, Pissarro am ei frasluniau sydyn o ffigurau, a Lhermitte am ei feistrolaeth ar gyfrwng y pasteli.

Hyd at 1924, bu Gwendoline a Margaret yn prynu nifer o luniau dyfrlliw a darluniau i gyd-fynd â'u casgliad o luniau olew: tri llun dyfrlliw gan Cézanne, pedwar darlun gan Daumier, dwsin o ddarluniau gan Augustus John. Nid oeddent yn eu prynu mewn ffordd systematig o anghenraid, ond yn eu dewis am eu bod yn eu hoffi. Bron y gellir dweud bod y lluniau a brynwyd ganddynt yn y cyfnod hwn yn perthyn i dri dosbarth: y lluniau dyfrlliw sy'n gyfansoddiadau gorffenedig ac a oedd yn ateb yr un diben â'r paentiadau olew (fel Signac, *St. Tropez*, Cézanne, *Ymdrochwyr* (*gweler Llun 1*) ac *Y Plymiwr* a'r tirluniau gan Turner); darluniau gan arlunwyr sydd â phaentiadau olew yn y casgliad hefyd, a'r darluniau'n hollol wahanol i'r lluniau olew (fel brasluniau Pissarro o ffigurau a brasluniau pensel Matthuis Maris); a gweithiau gan arlunwyr sy'n enwog am eu gallu i dynnu llun (fel John a Daumier). Ceir yr un themâu yn y casgliad o luniau dyfrlliw a darluniau ag yn y paentiadau olew - tirluniau lliwgar, fel Lhermitte, *Dychweliad y Cynaeafwyr*, (*gweler Llun 3*) Signac, *St Tropez*; a lluniau o ffigurau, yn cynnwys brasluniau John o werinwyr Galway, *Pen Dyn* a *Cyfreithiwr yn cerdded* gan Daumier, a darluniau Pissarro. Ceir lluniau o werinwyr a phobl yn gweithio ar y tir mewn tirluniau ac mewn brasluniau o ffigurau, er enghraifft, Isräels, *Dychwelyd o'r Caeau* a *Gwerinwyr Galway* gan John.

Ar ôl hynny, roedd Margaret yn prynu'n fwy systematig ac yn dueddol o brynu un darn yn unig o waith gwahanol arlunwyr. Felly, roedd gan Margaret gasgliad llawer mwy amrywiol na Gwendoline o luniau dyfrlliw a darluniau o ran eu testun a'u harddull. Ceir gwaith gan ddau ddeg wyth o arlunwyr yn ei chymynrodd hi i'r Amgueddfa Genedlaethol a gwaith pum arlunydd yn unig yng nghymynrodd Gwendoline. Ymhlith y lluniau ar destunau newydd a ychwanegwyd at y casgliad mae *Menyw Noeth* gan Eric Gill (*gweler Llun 11*) a golygfeydd topograffigol gan Moses Griffith. Mae'r casgliad a gymynroddwyd gan y chwiorydd i'r Amgueddfa Genedlaethol yn cynnwys darnau da gan nifer o arlunwyr mewn gwahanol arddulliau, ac o wahanol gyfnodau a gwahanol wledydd. Ceir dau brif gryfder i'r casgliad, y gweithiau cyfandirol o'r bedwaredd ganrif ar bymtheg a'r gweithiau modern, yn enwedig y rhai gan arlunwyr o Brydain a brynwyd yn ddiweddarach gan Margaret.

Un rhan yn unig o gasgliad eclectig Gwendoline a Margaret yw'r gweithiau ar bapur. Roedd hefyd yn cynnwys paentiadau, cerameg fodern, dodrefn, a chrochenwaith o Tsieina, yr Aifft a Phersia. Ac un ffordd yn unig o fynegi eu diddordeb yn y celfyddydau a'u dyhead i wella safonau celfyddydol yng Nghymru oedd casglu. Roeddent yn awyddus i roi cyfle i bobl Cymru ddysgu a'u gwella'u hunain. Fel y dywedodd Gwendoline, 'We have so much to give that is not money'.[39] Ymhlith eu cymwynasau diwylliannol roedd: agor eu cartref, Gregynog, i fod yn ganolfan ar gyfer datblygiad artistig; ariannu Gwasg Gregynog i ledaenu gwybodaeth am lenyddiaeth Cymru; gwahodd artistiaid o ffoaduriaid o Wlad Belg i ddod â'u doniau i Gymru (*gweler Llun 5*); ac ariannu nifer o gynlluniau yng Ngholeg y Brifysgol Aberystwyth yn cynnwys yr Adran Gelf a Chrefft, yr Amgueddfa Gelf a Chrefft a chymrodoriaeth gerddoriaeth.

Aeth Gwendoline braidd yn rhwystredig o feddwl am eu hymdrechion i wella'r diwylliant celfyddydol yng Nghymru ac ysgrifennodd, 'We have led the Welsh horse to the clearest brook we could possibly get, yet he has only tossed his head and walked straight through, stirring up all the mud and stones he could in doing so - he is so self-complacent, so self-sufficient - so ignorant - how are we ever to convince him that he is thirsty. That is the difficulty.'

Mae'r lluniau dyfrlliw a'r darluniau yn rhan hanfodol o'r Casgliad Davies. Lluniau dyfrlliw oedd y darn cyntaf o waith celfyddydol[40] a gasglwyd gan y chwiorydd a'r darn olaf[41]. Lluniwyd y casgliad dros gyfnod o hanner cant a phedair o flynyddoedd ac mae'n adlewyrchu'r newidiadau yn niddordebau a chwaeth y chwiorydd yn ystod y cyfnod hwnnw. Ni wyddom pryd y penderfynodd y chwiorydd gymynroddi eu casgliad celfyddydol i'r genedl, ond mae eu rhodd gyntaf ym 1940 yn arwydd cynnar o'u bwriad. Yn ogystal, soniodd Urquhart am ddymuniad Blaker, 'I know he [Blaker] always hoped the pictures would go to Wales. He speaks of it in his private Diary'[42]. Dewisiadau personol a wnaeth Gwendoline a Margaret Davies ond roedd ganddynt fwriadau cyhoeddus a lywiwyd gan eu gwahanol gynghorwyr ac a wnaed yn bosibl gan y masnachwyr. Fel y dywedodd un beirniad yn y cyfnod hwnnw, 'The Gregynog Collection bears testimony for that perfect dealer-advisor-collector relationship'.[43]

## NODIADAU

1 Mae *Yr Algeriad* yng nghasgliad Prifysgol Cymru erbyn hyn.

2 Mae adroddiadau blaenorol am y Casgliad Davies yn nodi mai ym 1908 y dechreuwyd ef.

3 Cafodd ei wneud yn Farwn Davies ym 1932.

4 Mae'r Methodistiaid Calfinaidd yn honni mai nhw yw'r unig enwad hollol Gymreig ei darddiad. Gellir olrhain dechreuadau'r enwad yn ôl i'r Parch. Griffith Jones (1684-1761) o Landdowror, Sir Gaerfyrddin. Roedd ganddynt 1641 o gapeli ym 1907.

5 Mark Evans, 'Gwendoline and Margaret Davies' ar gyfer *Women in World History*, Yorkin Publications, [i'w gyhoeddi].

6 Cyfaill o arlunydd a gyflwynwyd i'r chwiorydd gan Thomas Jones.

7 Curadur Ymgynghorol yr Amgueddfa Gelf a Chrefft a sefydlwyd ym 1918 ac a ariannwyd gan y chwiorydd fel rhan o'r Adran Gelf a Chrefft yng Ngholeg Prifysgol Cymru, Aberystwyth

8 LIGC Casgliad Gregynog cyfrol 2, rhif 77.

9 Llythyr dyddiedig 6 Ebrill 1963, Archif AOCC heb ei chyhoeddi

10 Daisy oedd llys-enw Margaret.

11 Llythyr heb ddyddiad oddi wrth Hugh Blaker at Gwendoline Davies, archif AOCC heb ei chyhoeddi.

12 Llythyr at Thomas Jones, Ionawr 29 1925, archif LIGC.

13 Roedd Amgueddfa Holburne of Menstrie yn Charlotte Street ar y pryd. Er na chafodd adolygiadau da gan y wasg yng Nghaerdydd, cafodd dderbyniad da gan y papurau Prydeinig ac roedd dros 500 o bobl y dydd, ar gyfartaledd, yn ymweld â hi. Dyma ddisgrifiad Hugh Blaker o'r arddangosfa yn ei ddyddiadur 'a most stupendous show which should be a milestone in Welsh artistic development. About 50 pictures. The greatest thing of its kind seen in the Provinces.' (Murray Urquhart, 'The Blaker Diary: Some extracts with a memoir by Murray Urquhart' *Apollo*, 78 (1963), 293-298.

14 Roedd John Witcombe yn dysgu yn yr Ysgol Gelfyddyd yng Nghaerfaddon a daeth yn arlunydd llwyddiannus, a weithiai yn bennaf gyda chyfrwng y monoteipiau. Roedd yn aelod o'r Bath and West Country Society of Artists, ac fe gynhaliwyd sawl arddangosfa o'i waith ef a Hugh Blaker.

15 Y ffaith fod Blaker yn ffrindiau â Witcombe yw'r rheswm pam y dewiswyd Oriel Gelfyddyd Victoria, Caerfaddon. Roedd wedi gadael Amgueddfa Holburne o dan amgylchiadau anffodus, bu ei gais i fod Celf yn Geidwad yn Amgueddfa Genedlaethol Cymru yn aflwyddiannus ac fe benodwyd Isaac Williams, nad oedd yn hoff iawn o luniau Argraffiadol.

16 Llythyr oddi wrth John Witcombe at Gwendoline, dyddiedig 24 Ebrill 1918, archif AOCC heb ei chyhoeddi.

17 Galwyd ef yn *Study of a boy's Head* yn y catalog.

18 Yn ogystal, roedd Blaker yn gweithredu ar ran Gwendoline pan gynigiodd hi roi rhai o'i gweithiau ar fenthyg i'r Oriel Genedlaethol Celfyddyd Brydeinig (orielau Tate Britain a Tate Modern erbyn hyn). Gwrthododd yr Oriel y benthyciad i ddechrau - adlewyrchiad o'r agwedd at Argraffiadaeth ac Ôl Argraffiadaeth ym Mhrydain ar y pryd, a bu hynny'n achos cryn ddadlau a gohebiaeth yn y wasg genedlaethol ac yn *The Burlington Magazine* rhwng Hugh Blaker ac Ymddiriedolwyr yr Oriel. Fe gafodd y lluniau eu derbyn ar fenthyg ym 1922 a dyma'r tro cyntaf i waith Cézanne gael ei arddangos mewn Oriel Genedlaethol Brydeinig.

19 Roedd Blaker yn gymeriad bywiog ac roedd Urquhart yn teimlo weithiau ei fod yn cymryd y clod i gyd am ddatblygiad a gofal y casgliad. Yn ôl Urquhart, roedd Blaker yn '.. egotist and was not happy to be out of the limelight'. Soniodd yn ddiweddarach am arddangosfa 1913 yng Nghaerdydd a Chaerfaddon, 'In his (Blaker's) remarks about the exhibition in 1912, he never speaks one word of the enormous part I took in bringing it about with the help of dear old Evan Hoyle' (Llythyr dyddiedig 14 Medi 1963, archif AOCC heb ei chyhoeddi.)

20 Sefydlwyd Gwasg Gregynog ym 1921 gan Gwendoline a Margaret i arbenigo mewn cyhoeddi nifer fach o lyfrau ar y tro a'r rheiny'n rhai o safon uchel. Y gobaith oedd cyhoeddi llyfrau crefftus a meithrin diddordeb mewn llenyddiaeth Gymreig.

21 Archif AOCC heb ei chyhoeddi.

22 Roedd Emile Bernheim yn gyd-reolwr Bernheim-Jeune, oriel/masnachdy ym Mharis, a oedd yn arbenigo mewn celfyddyd Ffrengig.

23 John Ingamells, *Casgliad Davies o Gelfyddyd Ffrengig*, Amgueddfa Genedlaethol Cymru, 1967, t.23.

24 Archif AOCC heb ei chyhoeddi.

25 Ni wnaeth Gwendoline wahaniaethu rhwng y paentiadau olew a'r gweithiau ar bapur yn ei hewyllys. 'Pictures' oedd y term a ddefnyddiodd amdanynt i gyd.

26 Murray Urquhart, 'The Blaker Diary: Some extracts with a memoir by Murray Urquhart' *Apollo,* 78 (1963), 293-8.

27 Murray Urquhart, 'The Blaker Diary: Some extracts with a memoir by Murray Urquhart' *Apollo,* 78 (1963), 295.

28 Murray Urquhart, 'The Blaker Diary: Some extracts with a memoir by Murray Urquhart' *Apollo,* 78 (1963), 293-8.

29 Casgliad archifau Gregynog yn LIGC, heb eu cyhoeddi.

30 Dywed yn ei hewyllys:

*'I GIVE AND BEQUEATH SUBJECT TO Estate and Legacy Duties (if any) payable theron on my death to the National Museum of Wales all the Pictures and Articles of Sculpture of National importance or Interest which shall be owned by me at the time of My death ...If any question arises as to what are the Pictures and articles of Sculpture contained in this Bequest the decision of my Trustees theron shall be Final and Conclusive'*

31 Bu'n fyfyrwraig yn Ysgol Gelfyddyd y Slade a chafodd wersi preifat gartref. Felly, byddai hi'n fwy ymwybodol o dechnegau celfyddydol.

32 Prynodd y Gymdeithas ugain o weithiau tra bu Margaret yn brynwr iddynt. Prynodd weithiau gan: John Elwyn, John Petts, Kyffin Williams, A. Beverley Burton, Ferdinand Cirel, Esther Grainger, Ray Howard-Jones, Colin H.B. Jones, Will Roberts, Peter Coker, Leslie Moore, John Piper, Bromfield Rees a E. Morland Lewis.

33 Ni wyddom o ble y cafodd Margaret y gwaith hwn

34 Copi o lythyr dyddiedig Chwefror 1961 oddi wrth Steegman at Margaret Davies, archif AOCC heb ei chyhoeddi.

35 Dywed ewyllys Margaret:

*'I GIVE AND BEQUEATH all my etchings prints and articles of sculpture (but excluding Jacob Epstein's Chia Pi (1942)) together with those paintings which I shall have specified in any Memorandum or Codicil... to the University of Wales for use at Gregynog hall..*

*I GIVE AND BEQUEATH all my other paintings pictures and drawings of national importance... including the sculpture of Chia Pi... to the National Museum of Wales... I DECLARE that it is my desire that my paintings by modern artists shall be circulated and exhibited whenever and wherever possible '*

36 Archif AOCC heb ei chyhoeddi.

37 Y gweithiau a roddwyd ar fenthyg oedd *Gwerinwyr Galway, Fforddolion, Brasluniau o blant, Braslun o ben bachgen.*

38 Llythyr dyddiedig 9 Rhagfyr 1949, archif AOCC heb ei chyhoeddi. Ceir arwyddion bod y ddau lun dyfrlliw gan Innes sydd yn yr Amgueddfa ac Oriel Genedlaethol wedi cael triniaeth i gael gwared â smotiau cochion a llwydni cyn iddynt gyrraedd yno; credir mai at *Canigou* y mae'r llythyr hwn yn cyfeirio.

39 Llythyr oddi wrth Gwendoline Davies at Thomas Jones, 4 Gorffennaf 1923, archif LIGC.

40 Hercules Brabazon Brabazon, *Yr Algeriad* a brynwyd ym mis Rhagfyr 1906.

41 Oskar Kokoschka, *Tirlun a choelcerth*, Robin Philipson, *Ffenestr Ros* a brynwyd ym mis Hydref 1962.

42 Llythyr dyddiedig 16 Mai 1963, archif AOCC heb ei chyhoeddi.

43 Crieff Williamson, 'The Gwendoline E. Davies Bequest', *Art News and Review,* 5 (1953).

# LLYFRYDDIAETH DDETHOL


Anhysbys, 'The Holburne Art Museum, Bath', *The Connoisseur*, 16 (1906), 263.

Hugh Blaker, 'The Drawings of Augustus John', *Colour*, 4 (1916), 122.

Peter Cannon-Brookes, 'The Davies Sisters of Gregynog', *Apollo*, 109 (1979), 221-6.

W.G. Constable, 'Modern Art at the Victoria Art Gallery, Bath', *The Burlington Magazine*, 36 (1920), 88-9.

Mark Evans, 'Gwendoline and Margaret Davies' ar gyfer *Women in World History*, Connecticut.

Mark Evans, 'Impressions of Venice from Turner to Monet', Amgueddfa Genedlaethol Cymru, Caerdydd a Lund Humphries, Llundain, 1992.

Mark Evans, 'Portraits by Augustus John, Family, Friends and the Famous', Amgueddfa Genedlaethol Cymru, Caerdydd, 1988.

Dorothy Harrop, 'A History of the Gregynog Press', Private Libraries Association, Caergrawnt, 1939

John Ingamells, 'The Davies Collection of French art', Amgueddfa Genedlaethol Cymru, Caerdydd, 1967.

John Ingamells, 'The Margaret Davies Bequest to the National Museum of Wales', *The Connoisseur*, 156 (1964), 113-7.

Robert Meyrick, Hugh Blaker, Gwasg yr Adran Celfyddyd Gweledol, Prifysgol Cymru, Aberystwyth, 1991.

Susan Smithaman, 'Belgian Artists in Wales 1914-1920', traethawd B.A. heb ei gyhoeddi, Prifysgol Cymru, Aberystwyth, 1979.

John Stather, Hugh Oswald Blaker: 1873-1936, traethawd B.A. heb ei gyhoeddi, Prifysgol Cymru, Aberystwyth, 1990.

John Steegman, 'Catalogue of the Gwendoline E. Davies Bequest', Amgueddfa Genedlaethol Cymru, Caerdydd, 1952.

John Steegman, 'The Gwendoline E. Davies Bequest', *The Connoisseur*, 129 (1952), 22-7.

Murray Urquhart, 'The Blaker Diary: Some Extracts with a Memoir by Murray Urquhart', *Apollo*, 78 (1963), 293-298.

M Vincentelli, 'The Davies Family and Belgian Refugee Artists & Musicians in Wales', *Cylchgrawn Llyfrgell Genedlaethol Cymru*, 22 (1981), 226-233.

Eirene White, *The Ladies of Gregynog, Newtown, Powys*, Gwasg Prifysgol Cymru, Caerdydd, 1985.

# Y Lluniau

**LLUN 1**

## Paul CÉZANNE (1839-1906)

*Ymdrochwyr*
1875-7
dyfrlliw, gouache a phensel ar bapur

Mae thema'r 'Ymdrochwyr' yn codi dro ar ôl tro yng ngwaith Cézanne ar hyd ei yrfa ac mae maint y gweithiau'n amrywio o'r braslun bach hwn i'r *Grandes Baigneuses* yn yr Oriel Genedlaethol, Llundain. Ceir lluniau ar y testun hwn yn aml yng ngwaith yr Hen Feistri ac mae dylanwad Rubens yn gryf ar y ffigyrau sydd yn y llun dyfrlliw hwn. Mae pob ffigwr wedi'i fraslunio'n ofalus â phensel ac yna wedi'i liwio â dyfrlliw gyda goleubwyntiau gwyn. Defnyddiwyd y llun dyfrlliw hwn yn sylfaen ar gyfer llun olew bychan sydd yn y Musée d'Orsay erbyn hyn. Ysgrifennodd Cézanne gyfarwyddiadau ar gyfer mowntio'r gwaith hwn o dan y llun. Mae'r goleubwyntiau gwyn yn y gwaith wedi tywyllu o ganlyniad i effaith sylffwr yn yr awyr. Efallai mai'r tanau glo yng Ngregynog oedd yn gyfrifol am hyn.

**NMW A 1682**

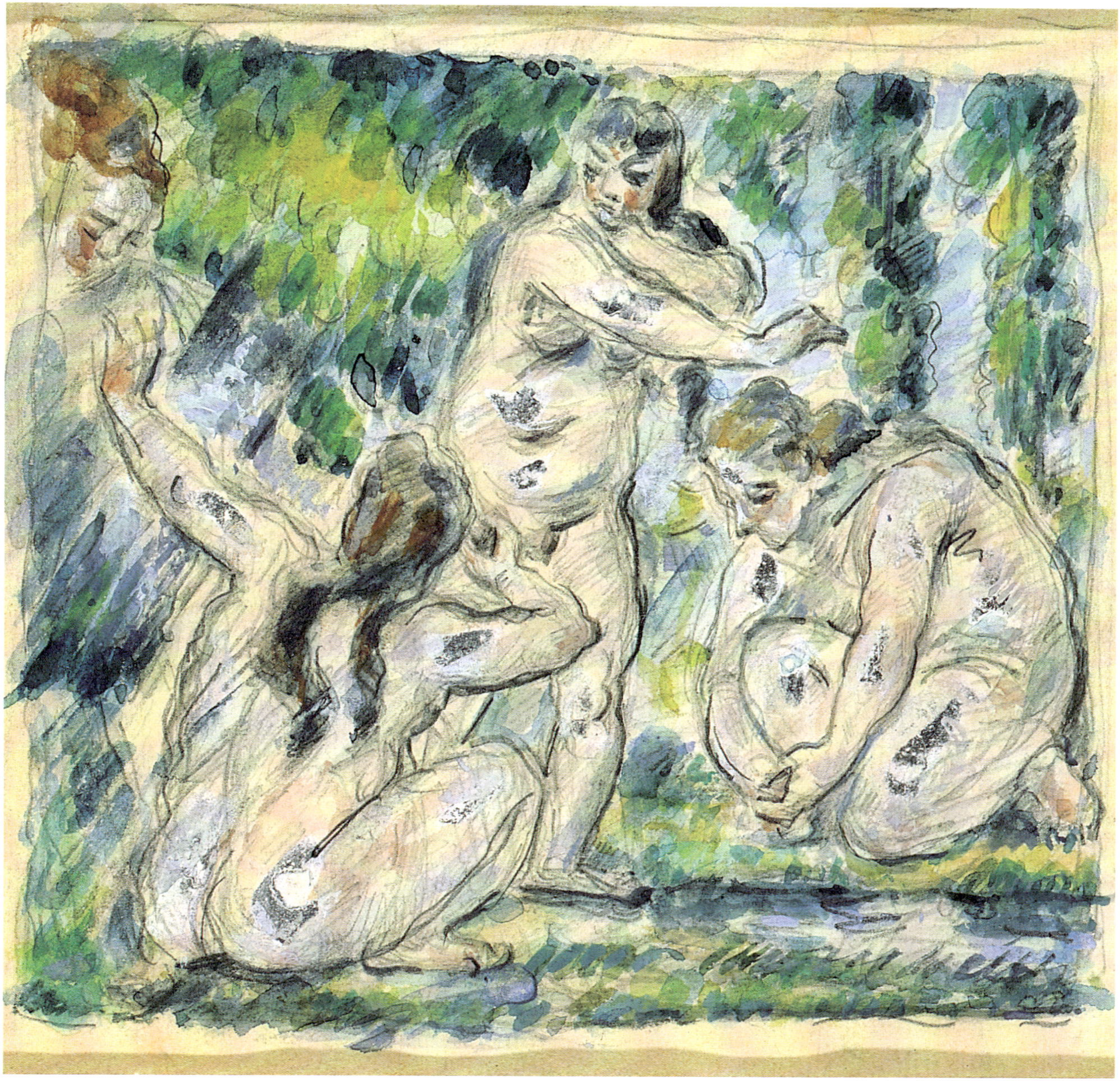

LLUN 2

## Camille PISSARRO (1831-1903)

*Dau Fraslun o Ferch*
c.1890
sialc ar bapur gwrymiog pinc

Dechreuodd Pissarro dynnu llawer rhagor o luniau ar ôl 1880. Canolbwyntiai'n bennaf ar dynnu lluniau pobl ac, wrth iddo ddod yn fwy hyderus, dechreuodd ddefnyddio mwy o amrywiaeth o gyfryngau ar ôl hyn. Yn y braslun hwn, defnyddiodd Pissarro sialc o wahanol liwiau ar bapur pinc i greu delwedd gref, bwerus. Yn y darlun, gwelir yr un fodel o'r tu blaen a'r tu ôl ac, fel gyda'r rhan fwyaf o'i frasluniau o bobl, mae cysylltiad uniongyrchol rhyngddo â phaentiadau olew: *Gwragedd yn Sgwrsio ar Glos Ffarm, Eragny* a *Gwragedd ar Glos Ffarm*. Gwnaeth Pissarro y gwaith modelu yn gyflym, ond yn ddeheuig iawn. Canolbwyntiodd ar ystumiau corff y ferch yn hytrach nag ar ei chymeriad ac felly awgrym yn unig a geir o'i phryd a'i gwedd.
Mae hwn yn un o chwe darlun gan Pissarro a brynwyd gan Margaret Davies o arddangosfa yn y Leicester Galleries ym mis Mehefin 1920. Cymynroddwyd dau ohonynt i Amgueddfa Genedlaethol Cymru ac fe werthwyd y pedwar arall yn Sotheby's ym 1960.

**NMW A 1697**

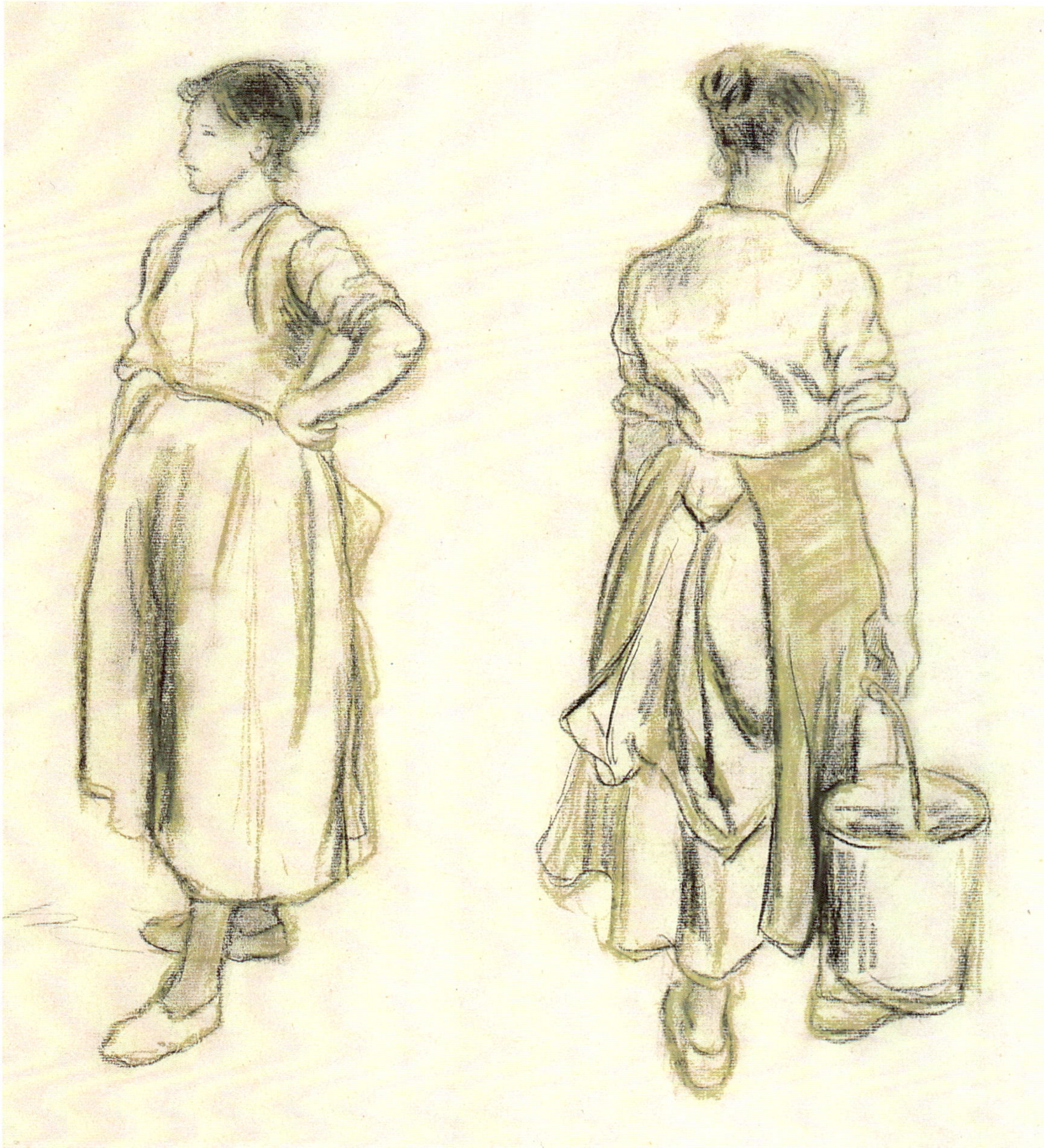

**LLUN 3**

## Léon Augustin LHERMITTE (1844-1925)

*Dychweliad y Cynaeafwyr*
c.1911
pastel ar bapur ar gynfas

Roedd Lhermitte yn arlunydd toreithiog a llwyddiannus, a bu'n gweithio ac yn arddangos yn Ffrainc a Phrydain. Dechreuodd ddefnyddio pasteli tua chanol y 1880au a hynny'n effeithiol iawn, gan gyfrannu at chwyldro yn y defnydd o'r cyfrwng hwn. Cafodd pastel fel cyfrwng ei ailddarganfod gan genhedlaeth Degas a oedd yn hoff iawn o'r ffordd yr oedd yn cyfleu effeithiau goleuedd mewn ffordd naturiol. Yn y braslun hwn, defnyddiodd Lhermitte bastel i gyfleu lliwiau llachar y machlud ar dirwedd Ffrainc a'r cynaeafwyr. Mae'r llun o fywyd gwledig yn nodweddiadol o'i waith a cheir arno ddylanwad Jean-François Millet. Er ei fod yn cydoesi â llawer o'r arlunwyr Argraffiadol, ni fu ei waith yn yr un arddangosfa Argraffiadol. Pan fu farw Margaret, roedd y gwaith hwn yn crogi yn stydi Gregynog gyda dau lun dyfrlliw arall: *Dychwelyd o'r Caeau* gan Josef Israels, a *Camlas yn Overschie, Y Machlud* gan Jan Hendrik van Mastenbrook

**NMW A 1692**

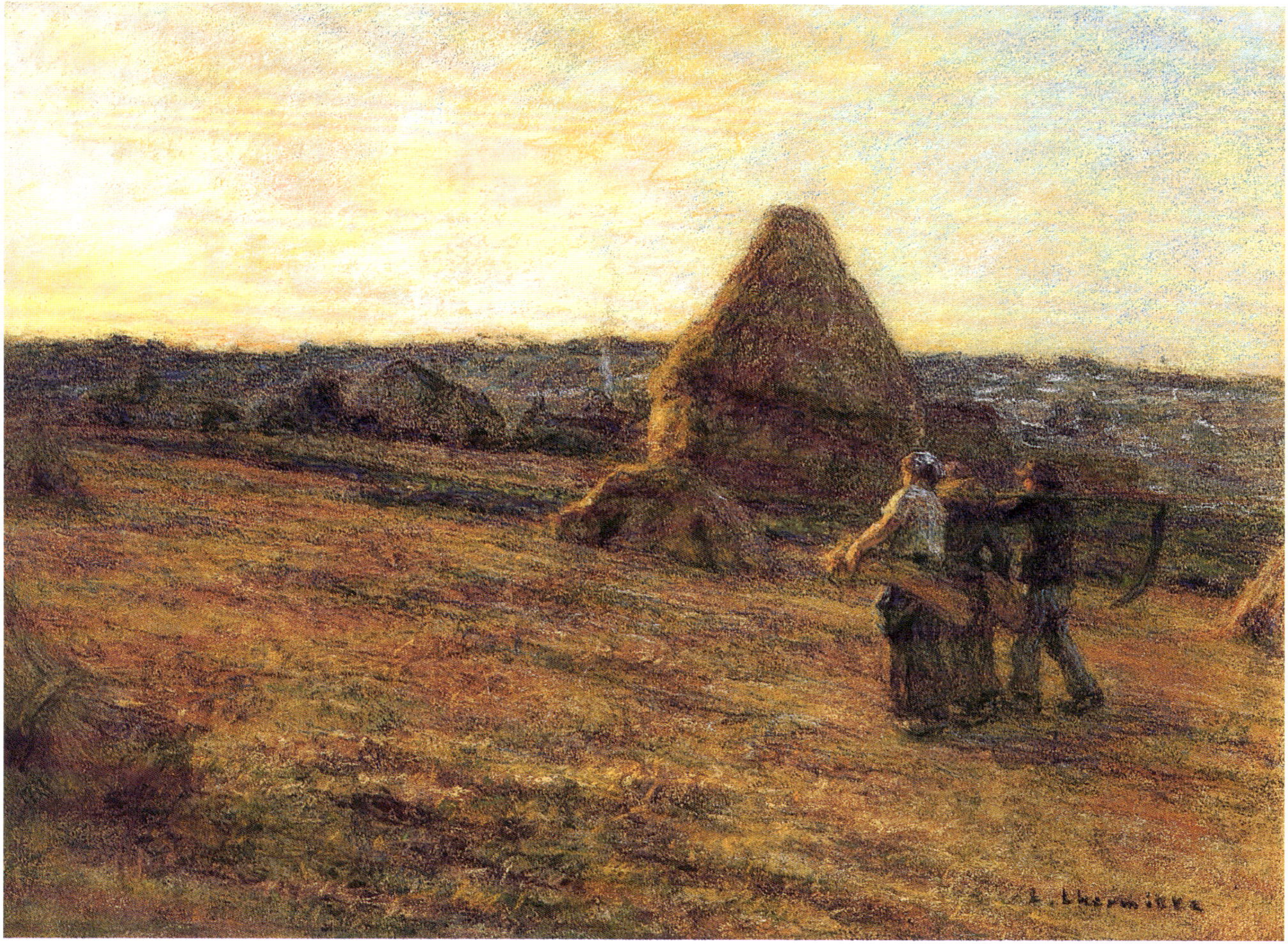

**LLUN 4**

## Honoré DAUMIER (1808-1879)

*Y Cyfreithiwr a'i Glient*
c.1862-1864
creon, pin ac inc, a dyfrlliw ar ddau ddarn o bapur gwrymiog wedi'u huno

Bywyd y ddinas ym Mharis yw testun bron holl waith Daumier ac fe gynhyrchodd gyfres o luniau ar destunau cyfreithiol. Mae'r gwaith hwn yn dangos menyw ac arni olwg bryderus yn ymgynghori â'i chyfreithiwr mewn coridor. Gwelir dylanwad gwaith Daumier fel gwawdlunydd yn amlwg yn y ffordd y tynnodd y ddau ffigwr i'r chwith, a ychwanegwyd ar ôl y ddau yn y canol. Llwyddwyd i gyfleu agwedd hunanbwysig a boddhaus yr ail ffigwr o'r chwith gydag ychydig iawn o linellau.
Ym 1909, daeth Hugh Blaker yn ôl o Baris ac arno 'obsesiwn â Carrière, [a] Daumier'. Ceir sawl llun gan y ddau arlunydd hyn yn y Casgliad Davies. Roedd pedwar gwaith ar bapur ynghyd â phedwar ar ddeg o luniau olew gan Daumier ymhlith y darnau a gymynroddwyd gan Gwendoline.

**NMW A 1679**

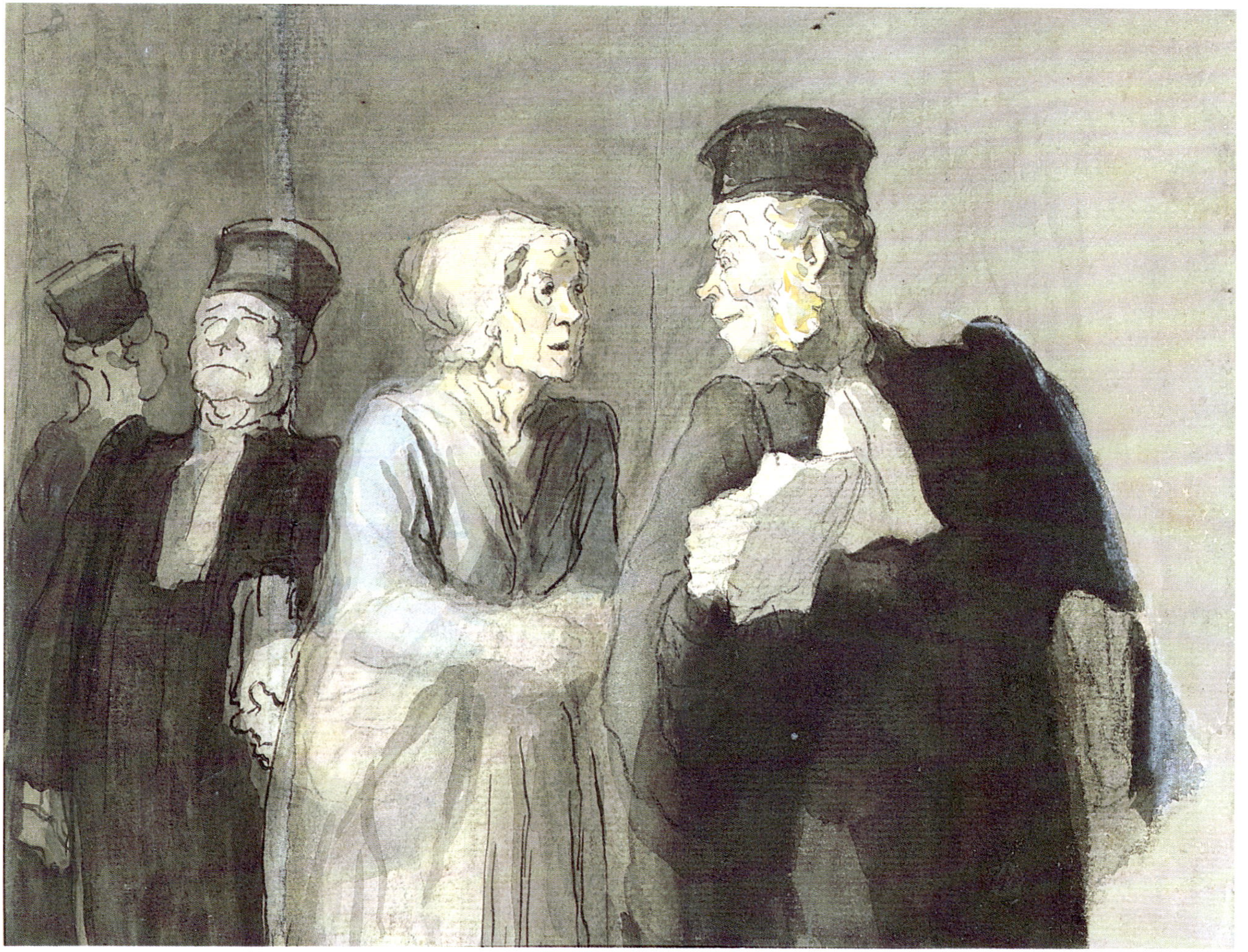

LLUN 5

## Emile FABRY (1865-1966)

*Rhyfel*
1914
creon ar bleth-bapur

Ym mis Chwefror 1915 roedd arddangosfa o gelfyddyd gan artistiaid o Wlad Belg yn rhan o'r War Relief Exhibition yn Burlington House, Llundain. Daeth yr arddangosfa i Gaerdydd yn ddiweddarach ac roedd yn un o'r rhai cyntaf i Amgueddfa Genedlaethol Cymru eu trefnu. Credir bod y chwiorydd Davies wedi prynu'r gwaith hwn ac un arall, sef *Ffoi* gan Pierre Paulus, o'r arddangosfa yng Nghaerdydd. Mae'r llun grymus, gweledigaethol hwn yn dangos milwr marw, sy'n dal i afael mewn reiffl, yn cael ei dderbyn i freichiau ffigwr arall. Goresgynnwyd Gwlad Belg gan yr Almaen ym mis Awst 1914 ac fe gafodd artistiaid yno brofi erchyllterau'r Rhyfel Byd Cyntaf yn fuan iawn.

**NMW A 1689**

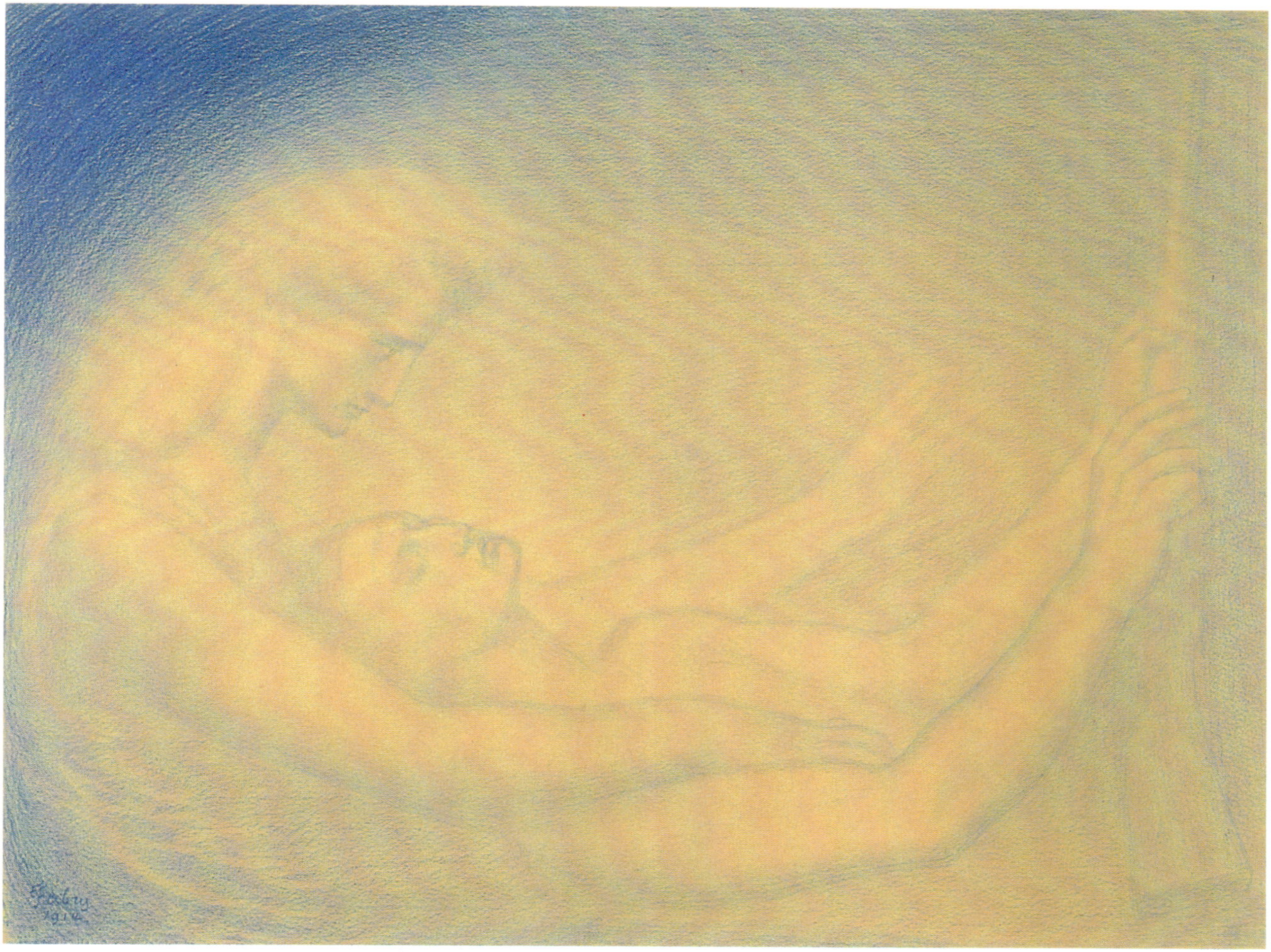

LLUN 6

## William BLAKE (1757-1827)

*Crist yn sathru Satan*
c.1800
inc a golchiad dros bensel ar bleth-bapur

Bu i W.M. Rossetti restru'r gwaith hwn yn y catalog cyflawn cyntaf o waith Blake ym 1863. Bu peth dadlau ynghylch testun y gwaith - *Crist yn sathru Jehovah*, *Crist yn sathru Urizen* neu'r teitl presennol. Treuliodd Blake saith mlynedd yn cael ei hyfforddi'n ysgythrwr cyn mynd i ysgolion yr Academi Frenhinol. Darlun ar gyfer ysgythriad yw hwn ac mae'n debygol mai cynorthwy-ydd a wnaeth hwnnw. Mae naws weledigaethol y darlun crefftus hwn yn nodweddiadol o lawer o waith Blake. Nid oes cofnodion ar gael ynghylch prynu'r gwaith hwn. Dyma'r unig waith ar bapur a brynodd y chwiorydd ar destun crefyddol.

**NMW A 3992**

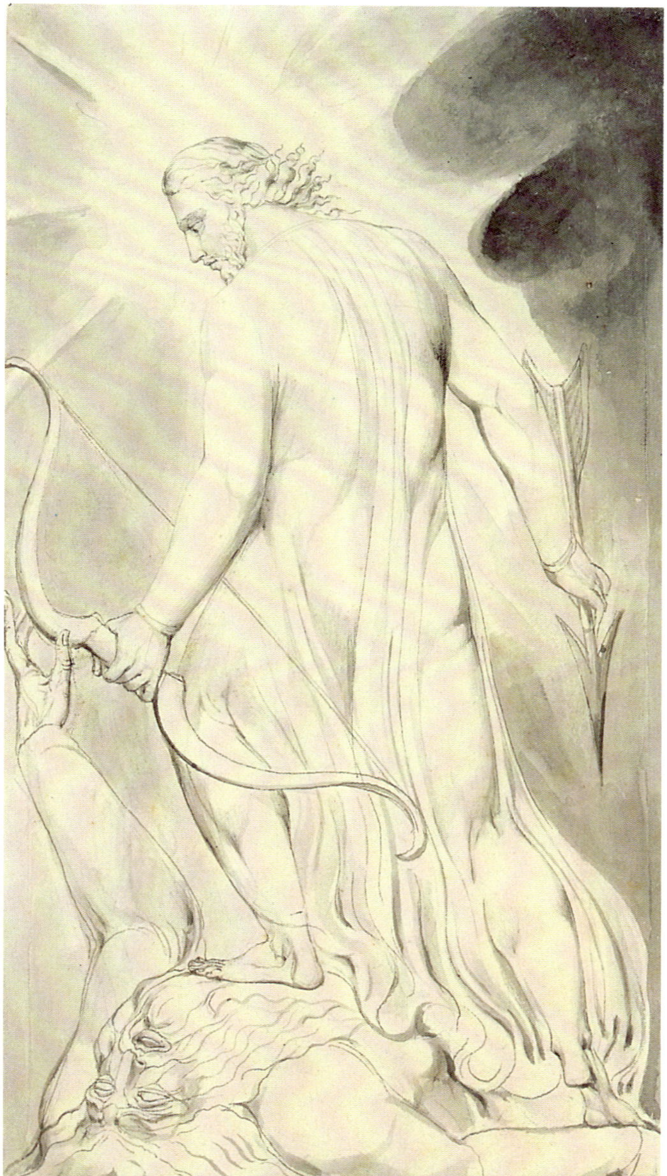

**LLUN 7**

## Moses GRIFFITH (1747-1819)

*Plas Gregynog*
c.1789
dyfrlliw ac inc ar bleth-bapur gyda border golchlin

Arlunydd a ddysgodd ei hunan oedd Moses Griffith ac fe'i cyflogwyd gan Thomas Pennant (1726-1798) o 1769 fel gwas darlunio. Roedd Pennant yn hynafiaethydd, hanesydd a naturiaethwr a gyhoeddodd lyfrau am ei deithiau yng Nghymru, yr Alban ac Ynysoedd Heledd. Aeth Griffith gydag ef ar ei deithiau i gyd ond un i gofnodi'r tirwedd, adeiladau ac olion archaeolegol. Mae'r olygfa hon yn dangos y tŷ a godwyd gan y teulu Blaney yn yr unfed ganrif ar bymtheg. Erbyn i'r chwiorydd brynu Gregynog a'i stad, roedd y tŷ wedi'i ailadeiladu'n llwyr. Dim ond parlwr panelog hyfryd a arbedwyd o'r tŷ gwreiddiol.

**NMW A 3034**

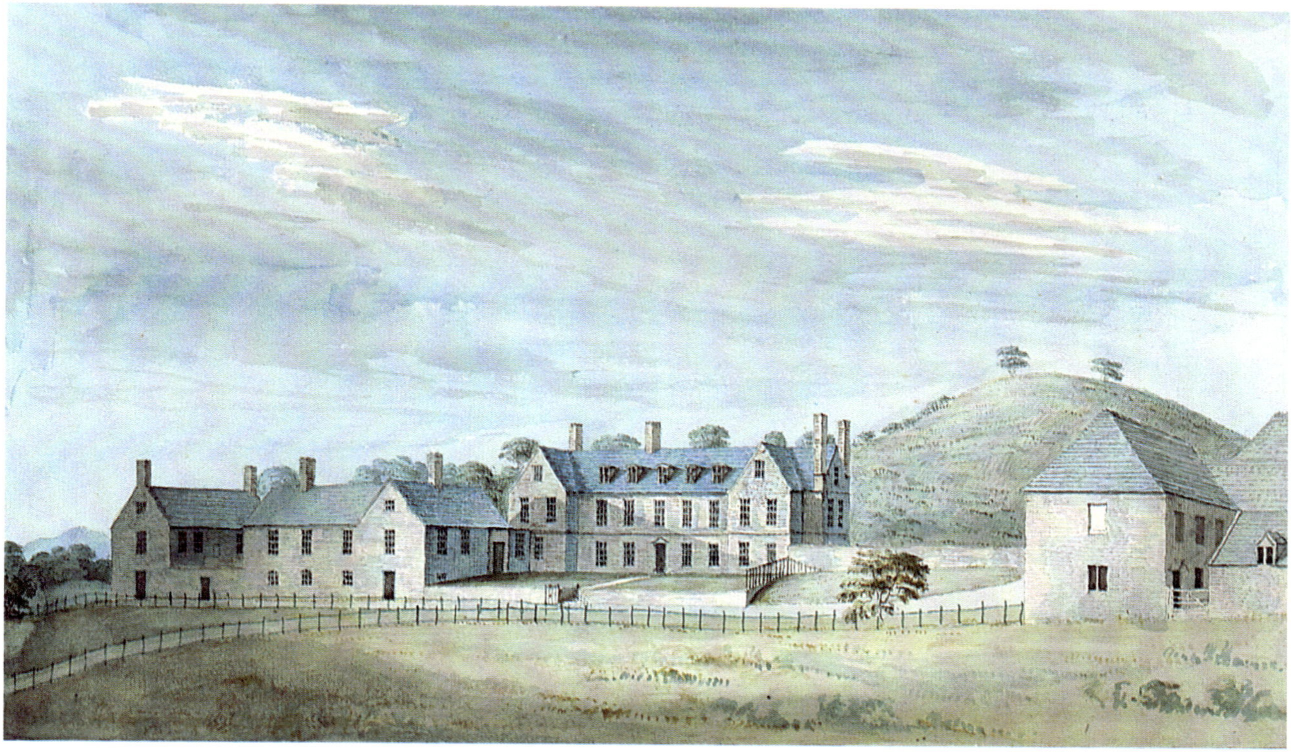

LLUN 8

## Joseph Mallord William TURNER (1775-1851)

*Rye, Sussex*
1824
dyfrlliw gyda chrafu allan ar bleth-bapur

Mae'r gwaith hwn yn enghraifft o allu Turner i drin goleuni a ffurf mewn ffordd ddramatig. Gwelir Rye, tref hardd sy'n enwog oherwydd ei hadeiladau canoloesol, ar y chwith. Mae'r dref yn dal yng ngolau'r haul ond mae'r storm sy'n dod i mewn o'r dde yn taflu cysgod ar y blaendir ac yn peri i bobl frysio oddi ar y sarn i ddianc rhag y tonnau. Mae dynion yn y blaendir, a fu'n atgyweirio'r sarn o bosib, yn crafangu i ddiogelwch, ond mae un wedi syrthio i'r môr. Cafodd y llun hwn ei ysgythru gan Edward Goodall ar gyfer *Southern Coast*, 1824, gan Turner.

Dyma'r llun dyfrlliw cyntaf i Gwendoline ei brynu ym 1908 ac, er bod y chwiorydd wedi prynu llawer o weithiau gan arlunwyr o'r cyfandir o'r bedwaredd ganrif ar bymtheg, bu iddynt ddal i gasglu gweithiau gan Turner tan 1923.

**NMW A 1742**

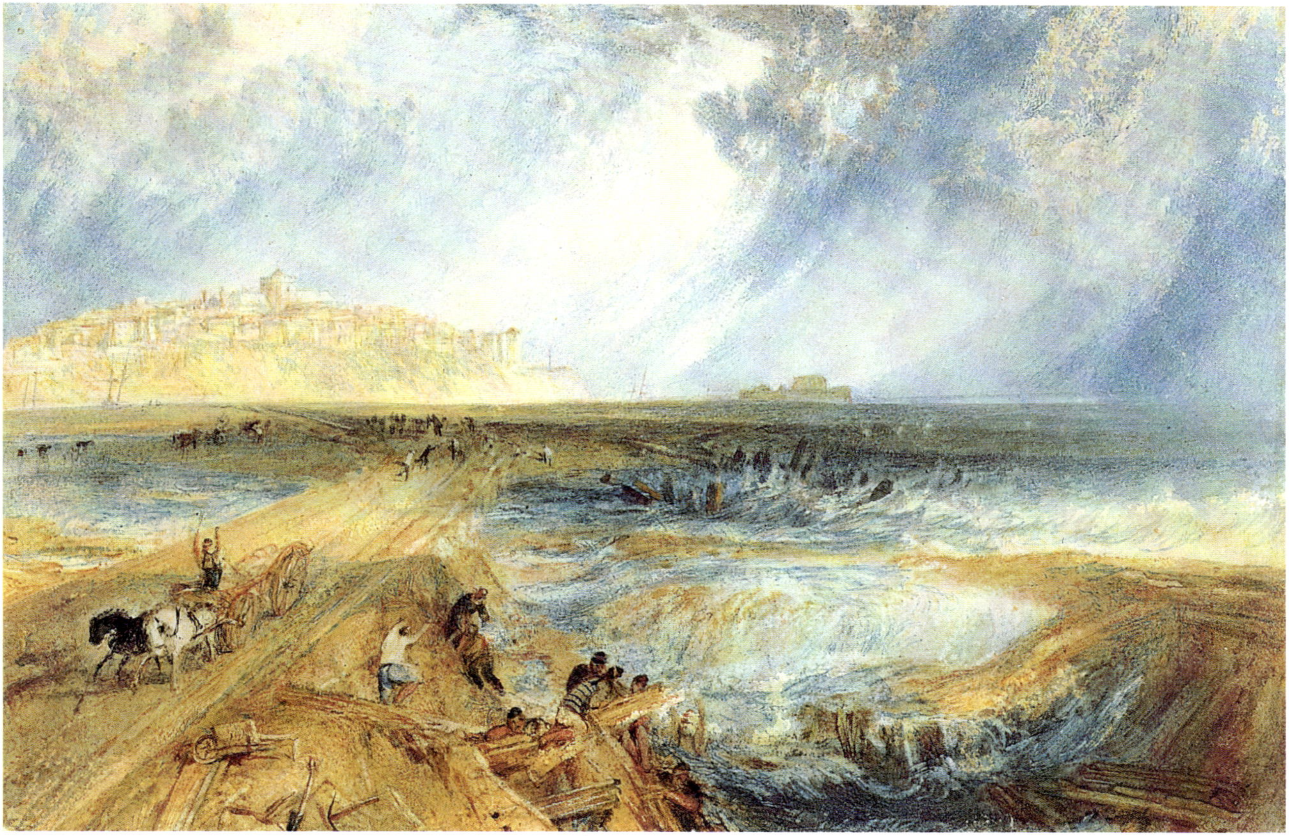

LLUN 9

## Percy Wyndham LEWIS (1882-1957)

*Ezra Pound*
c.1921
pensel, dyfrlliw a gouache ar bleth-bapur

Bardd ac ysgolhaig llenyddol o America oedd Ezra Pound. Cyfarfu â Wyndham Lewis am y tro cyntaf ym 1909. Roeddent yn rhannu llawer o syniadau gwleidyddol a chymdeithasol a phleidient egwyddorion Moderniaeth mewn celfyddyd. Roedd y ddau ohonynt ymhlith aelodau cyntaf Fortisiaeth, cangen o'r mudiad Moderniaeth yn Lloegr a, gyda'i gilydd, cyhoeddwyd y cylchgrawn *Blast* ganddynt i hyrwyddo maniffesto Fortisiaeth. Roedd ffurf pen Pound, gyda'i farf bigfain, ei drwyn hir a'i dalcen uchel, yn gweddu i dechneg geometrig Fortisiaeth. Mae'r amlinell yn edrych yn glir iawn gan fod arlliwiau amrywiol o'r golchiad wedi'u defnyddio i greu ffurf a llawnder. Gwnaeth Lewis nifer fawr o frasluniau o Ezra Pound a'u defnyddio'n sylfaen ar gyfer portread olew ym 1938. Mae hwnnw yn Oriel y Tate erbyn hyn.
Mae hwn yn un o ddau fraslun ar gyfer portreadau a brynodd Margaret o'r Leicester Galleries ym 1921. Cadwyd y llall, *Braslun o Fenyw*, yng Ngregynog ac mae'n eiddo i Brifysgol Cymru erbyn hyn.

**NMW A 1867**

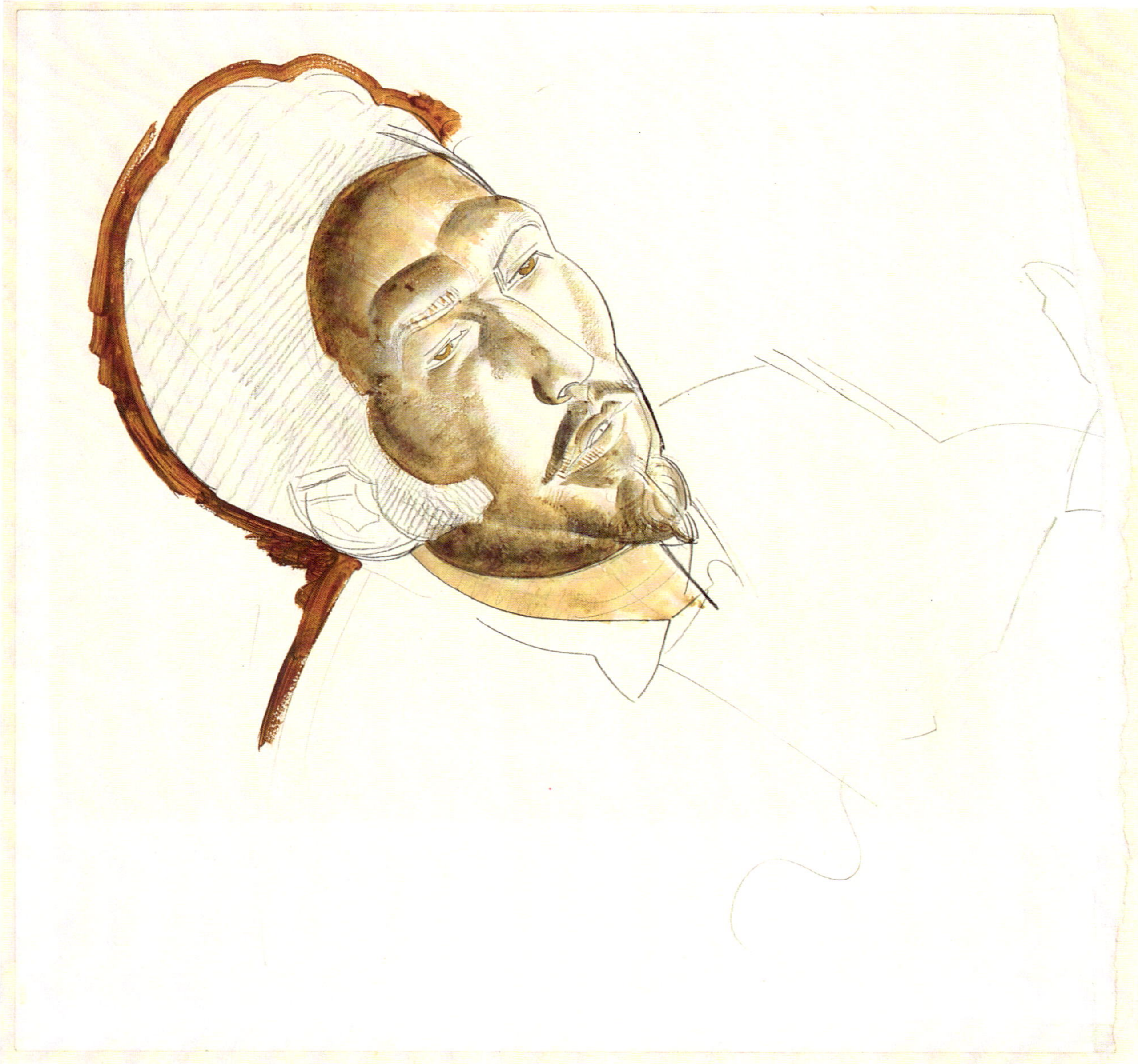

LLUN 10

## HERMAN, Josef (1911-2000)

*Y Fen Ychen*
c.1950
inc a golchiad dros bensel ar bapur gwrymiog

Ganed Herman yng Ngwlad Pwyl a daeth i Glasgow yn ffoadur ym 1940, heb air o Saesneg. Daeth i Gymru ym 1944 a mynd i fyw i bentref Ystradgynlais. Er mai'r gymuned lofaol a ysbrydolodd Herman i gynhyrchu peth o'i waith enwocaf, roedd urddas pob agwedd ar waith corfforol yn destun rhyfeddod iddo. Mae'r llun cadarn, diaddurn hwn o ddyn yn trin y tir yn nodweddiadol o'i arddull. Mae'n ddiddorol bod Margaret wedi dewis cynnwys yr olygfa wledig hon, yn hytrach na llun o lowyr Cymreig, yn enghraifft o waith Herman ar gyfer y casgliad ym 1959.

**NMW A 14921**

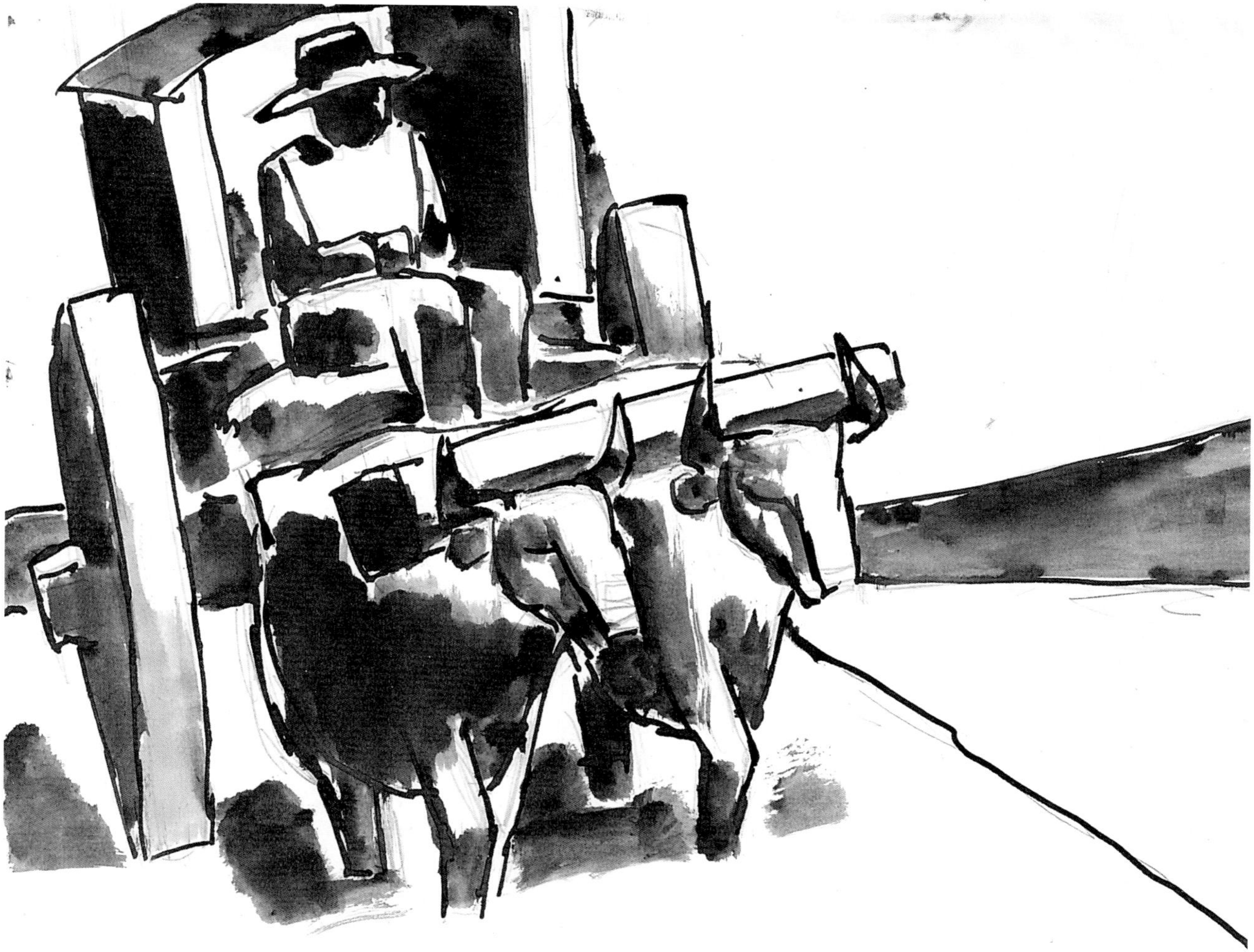

LLUN 11

## Eric GILL (1882-1940)

*Merch Noeth*
1929
pensel ar bleth-bapur

Ym 1913, symudodd Eric Gill a'i deulu i Ditchling Common lle y sefydlodd ef, ac artistiaid a phrentisiaid eraill, urdd Babyddol o grefftwyr wedi'i chysegru i Sant Joseph a Sant Dominic. Yn ddiweddarach, symudodd i Gapel-y-ffin, ger Llanddewi Nant Hodni, lle sefydlodd gymuned debyg. Bu Gill yn gynhyrchiol iawn fel caligraffydd, teipograffydd, cerflunydd, torluniwr pren a dylunydd llyfrau. Yn nes ymlaen yn ei yrfa, lluniodd gyfres o frasluniau o noethluniau. Dywedodd, 'drawing from life properly comes late in life rather than early for the training of imagination is the first thing to be seen to and this is best achieved by life and experience'. Bu'r darlun hwn yn crogi yng nghoridor rhandy Gregynog, lle'r oedd y rhan fwyaf o'r gweithiau ar bapur yn cael eu dangos.

**NMW A 5505**

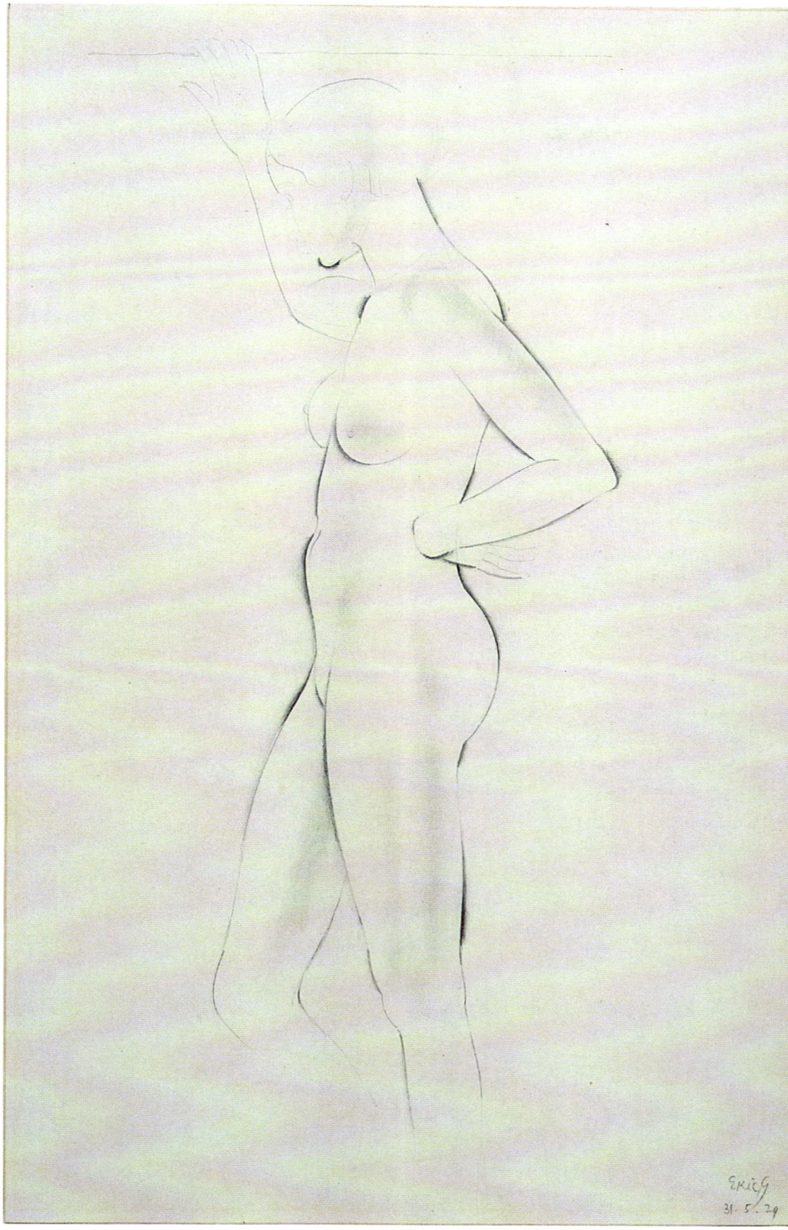
Eric G
31. 5. 29

LLUN 12

## Augustus JOHN (1878-1961)

*Dorelia McNeill fel Gwyddeles Ifanc*
1915-16
pastel ar bleth-bapur

Ac yntau'n methu teithio dramor yn ystod y Rhyfel Byd Cyntaf, treuliodd John ddau fis yn Galway ym 1915. Yno, cafodd y syniad o baentio llun enfawr am y dref a'i phobl. Ni wnaed y gwaith terfynol erioed, ond fe dynnodd John nifer fawr o frasluniau a darluniau. Cyrhaeddodd rhai o'r rhain, yn cynnwys *Gwerinwyr Galway* a *Siolau Donegal*, i'r Casgliad Davies. Er mai *Gwyddeles Ifanc* oedd teitl y llun hwn pan brynwyd ef gan Margaret, mae'n sicr mai'r model yn y darlun yw Dorelia McNeill (1881-1969). Roedd John yn cael trafferth i gael y Gwyddelod i fodelu iddo ac mae'n debyg mai dyma a barodd i Dorelia, a oedd yn cyd-fyw â'r arlunydd, fodelu iddo fel Gwyddeles gyda siôl Donegal pan ddychwelodd oddi yno. Ceir llawer o luniau o bobl werinol yng Nghasgliad Davies. Roedd y gwaith hwn yn eiddo i Hugh Blaker a oedd wedi ysgrifennu erthygl am ddarluniau John ar gyfer y cylchgrawn *Colour* ym 1916.
Rhyngddynt, prynodd Gwendoline a Margaret 13 darlun gan Augustus John. Arddangoswyd *Brasluniau o Blentyn* yn yr arddangosfa o luniau a roddwyd ar fenthyg yng Nghaerfaddon ym 1918.

**NMW A 1845**

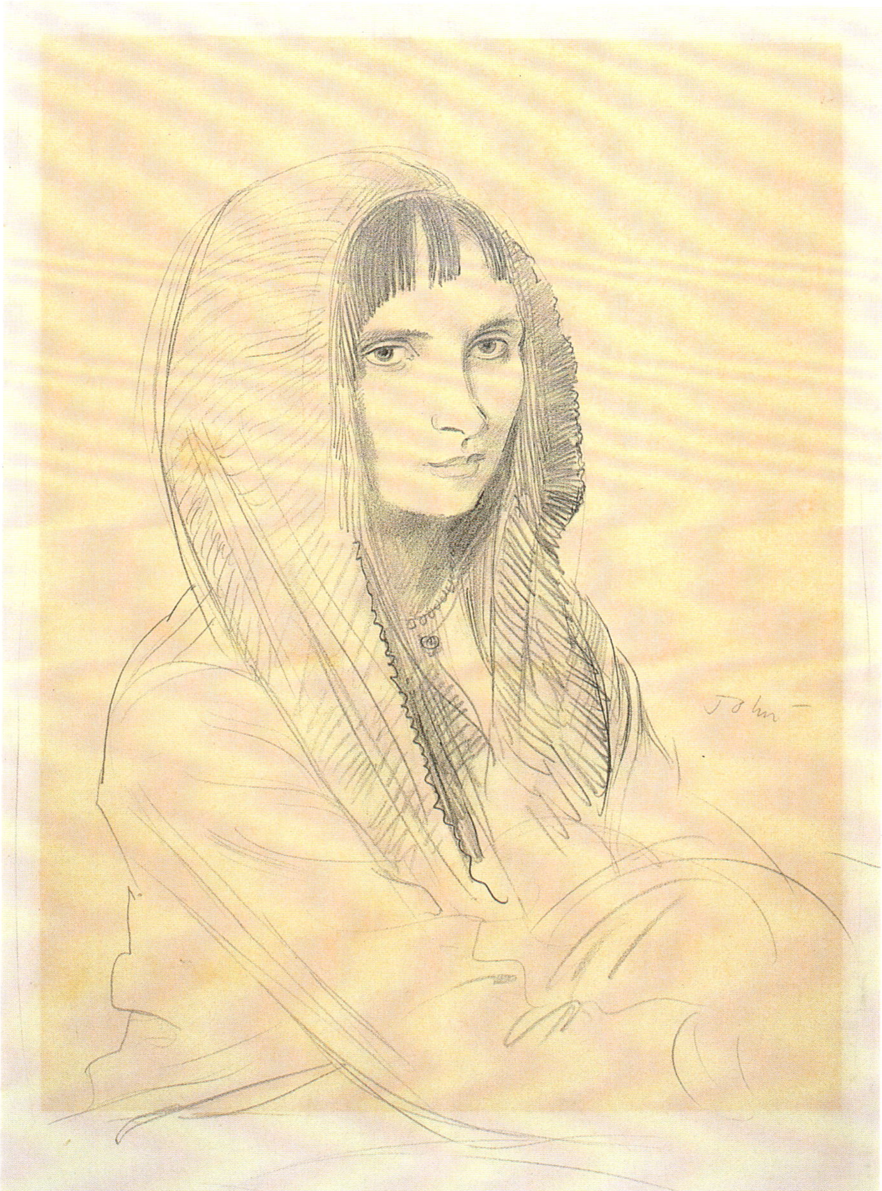
John

# Rhestr o Weithiau

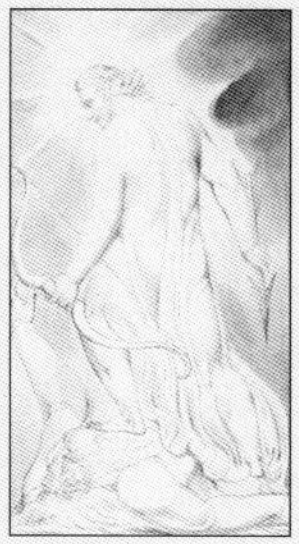

**BLAKE**, William
(1757-1827)

*Crist yn sathru Satan, c.1800*

**NMW A 3992**
inc a golchiad dros bensel ar bleth-bapur, 24.1 x 13.3
Cymynroddwyd gan Gwendoline Davies, 1952

**Tarddiad:** Mrs. Blake; ?Frederick Tathall; ?Joseph Hogarth; gwerthwyd yn Southgate's 7-30 Mehefin 1854, 10fed noson, prynwyd gan H. Palser; ?Edward Chance erbyn 1863; prynwyd gan Hugh Blaker ar gyfer Gwendoline E. Davies.

**Llyfryddiaeth:** William Michael Rossetti, 'Annotated Catalogue of Blake's Pictures and Drawings' yn Gilchrist, *A Life of William Blake*, dwy gyfrol, 1863 a 1880; AGC, *Catalogue of the Gwendoline E. Davies Bequest of Paintings, Drawings and Sculpture*, Caerdydd, 1952, t.7, rhif.3; Martin Butlin, *The Paintings and Drawings of William Blake*, Prifysgol Iâl, 1981, t.372, rhif.526.

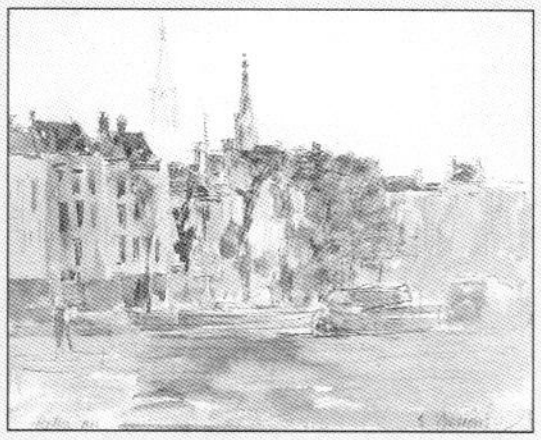

**BOUDIN**, Louis Eugène
(1824-1898)

*Golygfa ar lan yr afon, Rotterdam*

**NMW A 1688**
dyfrlliw a phensel ar bapur gwrymiog, 16.8 x 20.9
wedi'i lofnodi
Cymynroddwyd gan Margaret Davies, 1963

**Tarddiad:** Lefevre a'i Fab; gwerthwyd i Margaret Davies 24 Ebrill 1924 yn Arddangosfa rhif 104, am £7-0-0.

**Llyfryddiaeth:** AGC, *Catalogue of the Margaret S. Davies Bequest of Paintings, Drawings and Sculpture*, Caerdydd, 1963, t.38 rhif 109.

Teitl blaenorol, *Hen Dai yn Honfleur*.

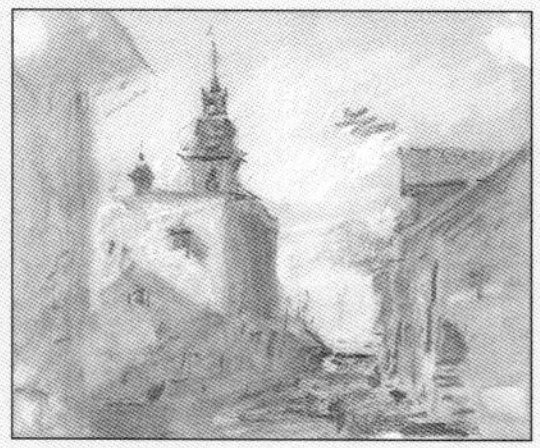

**BRABAZON**, Hercules Brabazon
(1821-1906)

*Lucerne*

**NMW A 14925**
pastel, sialc a phensel ar bleth-bapur, 18.5 x 22.4
wedi'i lofnodi
Cymynroddwyd gan Margaret Davies, 1963

**Tarddiad:** anhysbys, mae'n fwy na thebyg ei fod wedi'i brynu gan Gwendoline Davies rhwng 1908 a 1927.

**Llyfryddiaeth:** AGC, *Catalogue of the Gwendoline E. Davies Bequest of Paintings, Drawings and Sculpture*, Caerdydd, 1952, t.38, rhif 110.

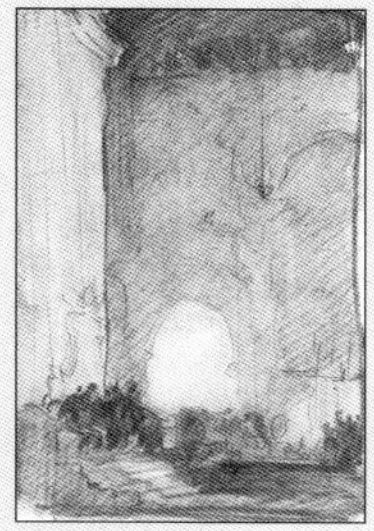

**BRANGWYN**, Syr Frank William
(1867-1956)

*Y Tu Mewn i'r Gadeirlan, Taormina*

**NMW A 5605**
dyfrlliw, creon a phensel ar bleth-bapur, 18 x 12.7
wedi'i lofnodi â blaenlythrennau'r enw
Cymynroddwyd gan Margaret Davies, 1963

**Tarddiad:** Fine Art Society, 1912; prynodd Margaret Davies ef oddi wrthynt ym mis Tachwedd 1912 am £12.12.0.

**Llyfryddiaeth:** AGC, *Catalogue of the Margaret S. Davies Bequest of Paintings, Drawings and Sculpture*, Caerdydd, 1963, t.38, rhif 111.

**Mae'r mesuriadau mewn centimetrau. Detholiad yw'r llyfryddiaeth.**

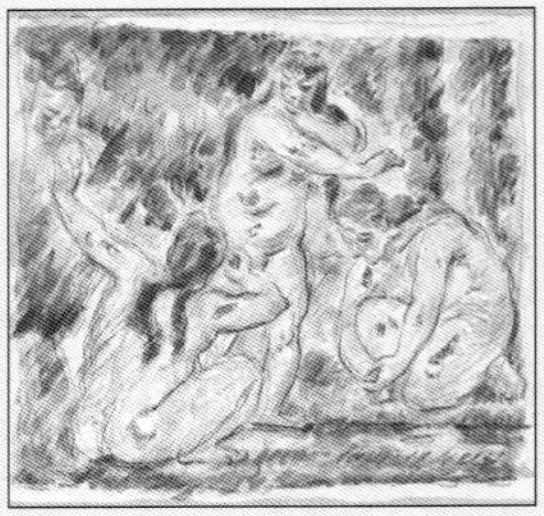

**CÉZANNE**, Paul
(1839-1906)

*Ymdrochwyr, 1875-7*

**NMW A 1682**
dyfrlliw, gouache a phensel ar bapur, 16.3 x 15.7
Cymynroddwyd gan Gwendoline Davies, 1952

**Tarddiad:** Ambroise Vollard; casglwr preifat, Paris; P. Hazard, 1-3 Rhagfyr 1919, gwerthwyd yn Galerie Georges Petit, rhif 260 neu 258 (?) i Galerie Bernheim-Jeune; prynwyd ef oddi yno gan Gwendoline Davies am Fr 8,000, 12 Mawrth 1920.

**Llyfryddiaeth:** AGC, *Catalogue of the Gwendoline E. Davies Bequest of Paintings, Drawings and Sculpture*, Caerdydd, 1952, t.10, rhif 16; AGC, J. Ingamells, *The Davies Collection of French Art*, Caerdydd, 1967, t.83-4, pl.34b; L.Venturi, *Cézanne. Son art - son oeuvre*, San Francisco, 1989, pl.239, rhif 818; M.L. Krumrine, *Paul Cézanne the bathers*, Basel/Eidolon, 1989, t.137, rhif 76, (llun) rhif102.

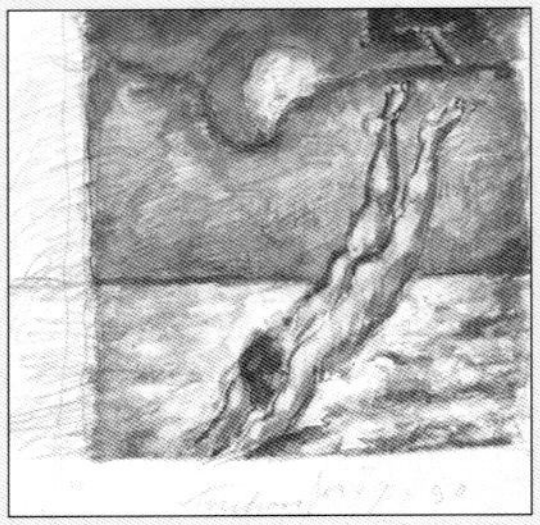

**CÉZANNE**, Paul
(1839-1906)

*Y Plymiwr, 1867-70*

**NMW A 1683**
dyfrlliw, gouache dros bensel ar bleth-bapur, 15.6 x 16.2
verso: braslun o ddau ddyn mewn pensel
Cymynroddwyd gan Gwendoline Davies, 1952

**Tarddiad:** P. Hazard, 1-3 Rhagfyr 1919, gwerthwyd yn Galerie Georges Petit, rhif 257 i Galerie Bernheim-Jeune; o ble y prynwyd ef gan Gwendoline Davies am Fr 8,000, 12 Mawrth 1920.

**Llyfryddiaeth:** AGC, *Catalogue of the Gwendoline E. Davies Bequest of Paintings, Drawings and Sculpture*, Caerdydd, 1952, t.10, rhif 17; AGC, J. Ingamells, *The Davies Collection of French Art*, Caerdydd, 1967, t.83, pl.34a; L. Venturi, *Cézanne. Son art - son oeuvre*, San Francisco, 1989, t.239, rhif 818.

Teitl blaenol y llan oedd *La Chute d'Icare* oedd teitl y gwaith hwn pan brynwyd ef gan Gwendoline Davies.

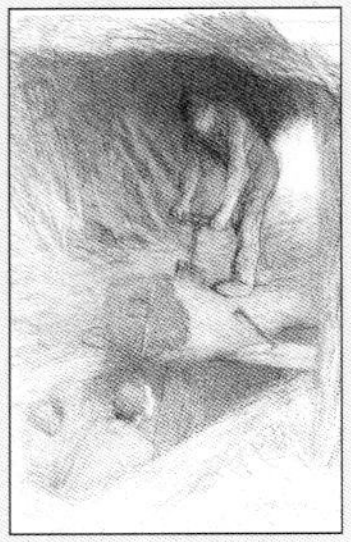

**CLAUSEN**, George
(1852-1944)

*Y Pwll Llifio*

**NMW A 14924**
pensel a chreon gyda chrafiadau ar bleth-bapur, 41.8 x 27.6
wedi'i lofnodi
Cymynroddwyd gan Margaret Davies, 1963

**Tarddiad:** Yr Oriel Ffrengig; prynwyd ef oddi yno gan Margaret Davies, Mehefin 1912.

**Llyfryddiaeth:** AGC, *Catalogue of the Margaret S. Davies Bequest of Paintings, Drawings and Sculpture*, Caerdydd, 1963, t.39, rhif 113.

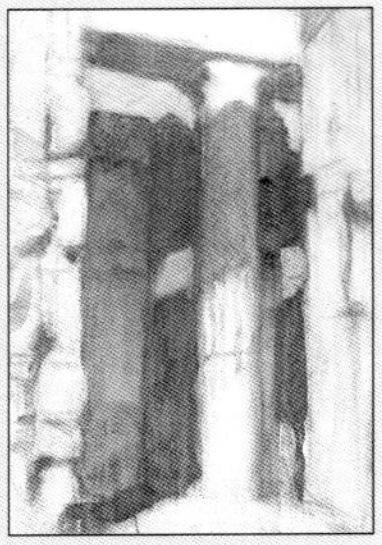

**CLAUSEN**, George
(1852-1944)

*Drws gorllewinol y Parthenon yng ngolau'r lleuad*

**NMW A 14923**
siarcol a dyfrlliw ar bleth-bapur, 25.5 x 17.8
wedi'i lofnodi
Cymynroddwyd gan Margaret Davies, 1963

**Tarddiad:** Cymdeithas Frenhinol yr Arlunwyr Dyfrlliw, Tachwedd, 1912 (225), prynwyd oddi wrthynt gan Margaret Davies.

**Llyfryddiaeth:** AGC, *Catalogue of the Margaret S. Davies Bequest of Paintings, Drawings and Sculpture*, Caerdydd, t.38, rhif 112.

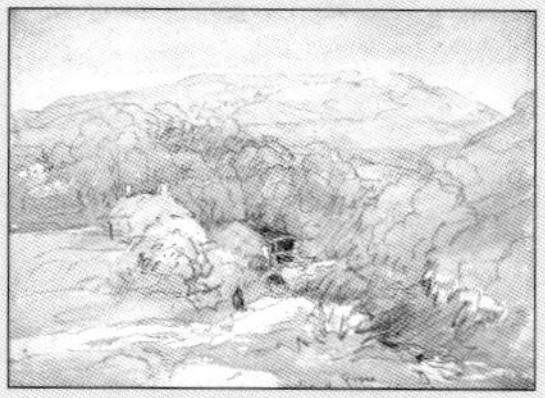

**COX**, David
(1783-1859)

*Melin y Groes ger Conwy*

**NMW A 14922**
pensel a golchiad ar bleth-bapur, 20.5 x 28
Cymynroddwyd gan Margaret Davies, 1963

**Tarddiad:** Agnew's 1954; prynwyd gan Margaret Davies ym mis Rhagfyr, 1954 am £10.10.0

**Llyfryddiaeth:** AGC, *Catalogue of the Margaret S. Davies Bequest of Paintings, Drawings and Sculpture*, Caerdydd, 1963, t.39, rhif 114.

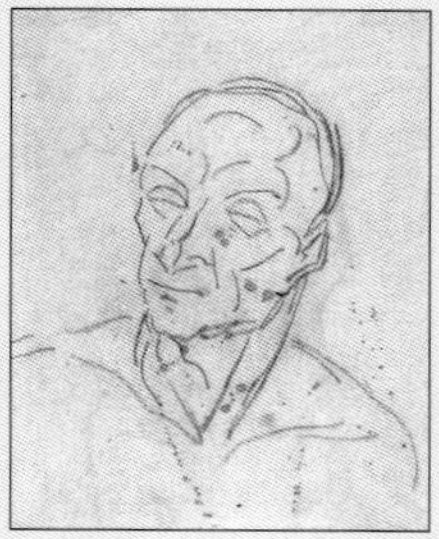

**DAUMIER**, Honoré
(1808-1879)

*Pen Dyn*

**NMW A 1680**
sialc du ar bapur grwymiog, gyda smotiau inc afal derw, 18.5 x 15.0
Cymynroddwyd gan Gwendoline Davies, 1952

**Tarddiad:** Lemaire; masnachwr anhysbys o Baris; Lefevre a'i Fab; prynwyd ef oddi wrthynt gan Gwendoline Davies gyda dau ddarlun arall gan Daumier (NMWA 1678 a 1681) am £200, 16 Rhagfyr 1922.

**Llyfryddiaeth:** AGC, *Catalogue of the Gwendoline E. Davies Bequest of Paintings, Drawings and Sculpture*, Caerdydd, 1952, t.13, rhif 36(a); K.E. Maison, *Honoré Daumier, Catalogue Raisonné of the Paintings, Watercolours and Drawings*, Thames & Hudson, Llundain, 1968, cyfrol II, t.32, rhif 30.

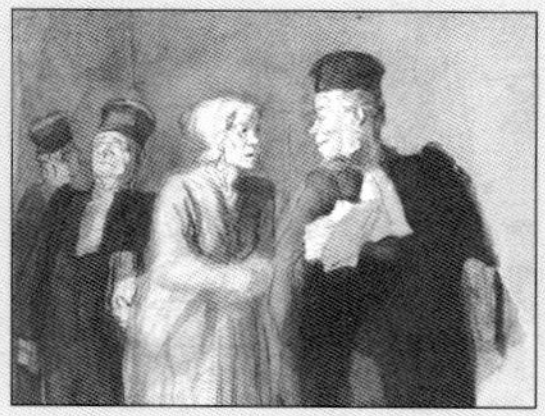

**DAUMIER**, Honoré
(1808-1879)

*Y cyfreithiwr a'i glient*

**NMW A 1679**
dyfrlliw, inc a chreon ar bapur gwrymiog, 24.1 x 23.8
Cymynroddwyd gan Gwendoline Davies, 1952

**Tarddiad:** Jules Castagnary, Paris; Durand-Ruel, Paris; Paul Rosenberg, Paris; gwerthwyd i Bernheim-Jeune, Paris, 3 Ebrill 1918; prynwyd ef oddi yno am £450 gan Gwendoline Davies, 8 Mawrth 1920

**Llyfryddiaeth:** AGC, *Catalogue of the Gwendoline E. Davies Bequest of Paintings, Drawings and Sculpture*, Caerdydd, 1952, t.13 rhif 34; K.E. Maison, *Honoré Daumier, Catalogue Raisonné of the Paintings, Watercolours and Drawings*, Thames & Hudson, Llundain, 1968, cyfrol II, t.205, rhif 617, pl.233; Oriel Genedlaethol Canada, *Daumier*, 1999, t.366-367, rhif 216.

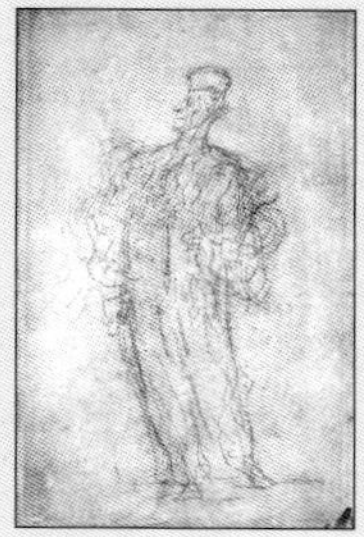

**DAUMIER**, Honoré
(1808-1879)

*Cyfreithiwr yn cerdded*

**NMW A 1681**
inc a sialc ar bapur gwrymiog, 40 x 26.3
Cymynroddwyd gan Gwendoline Davies, 1952

**Tarddiad:** Lemaire; masnachwr anhysbys o Baris; Lefevre a'i Fab; prynwyd ef oddi wrthynt gan Gwendoline Davies gyda dau ddarlun arall gan Daumier (NMWA 1678 a 1680) am £200, 16 Rhagfyr 1922

**Llyfryddiaeth:** AGC, *Catalogue of the Gwendoline E. Davies Bequest of Paintings, Drawings and Sculpture*, Caerdydd, 1952, rhif 35; K.E. Maison, *Honoré Daumier, Catalogue Raisonné of the Paintings, Watercolours and Drawings*, Thames & Hudson, Llundain, 1968, cyfrol II, t.190, rhif 570.

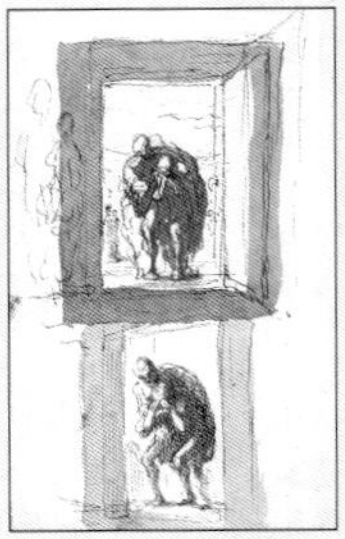

**DAUMIER**, Honoré
(1808-1879)

*Dau fraslun ar gyfer Dychweliad y Mab Afradlon, 1863*

**NMW A 1678**
inc a golchiad ar bapur gwrymiog, 20.9 x 13.1
Cymynroddwyd gan Gwendoline Davies, 1952
verso: dau fraslun o ben hen ddyn

**Tarddiad:** Lemaire; masnachwr anhysbys o Baris; Lefevre a'i Fab; prynwyd ef oddi wrthynt gan Gwendoline Davies 16 Rhagfyr 1922.

**Llyfryddiaeth:** AGC, *Catalogue of the Gwendoline E. Davies Bequest of Paintings, Drawings and Sculpture*, Caerdydd, 1952, rhif 36(b); K.E. Maison, *Honoré Daumier, Catalogue Raisonné of the Paintings, Watercolours and Drawings*, Thames & Hudson, Llundain, 1968 cyfrol II, rhif 756; Oriel Genedlaethol Canada, *Daumier*, 1999, t.339, rhif 191.

Teitl blaenorol *Y Samariad Trugarog* ac *Y Dyn Dall a'r Dyn Cloff.*

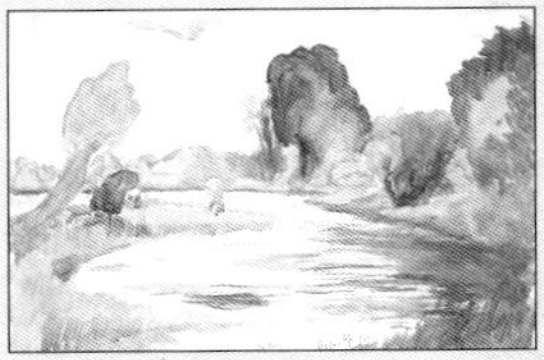

**DUNLOP**, Ronald Ossary
(1894-1973)

*Afon Arun, 1961*

**NMW A 14583**
dyfrlliw ar bleth-bapur, 37.5 x 56.0
wedi'i lofnodi a'i ddyddio
Cymynroddwyd gan Margaret Davies, 1963

**Tarddiad:** anhysbys; yn y Casgliad Davies erbyn 1963.

**Llyfryddiaeth:** AGC, *Catalogue of the Margaret S. Davies Bequest of Paintings, Drawings and Sculpture*, Caerdydd, 1963, t.39, rhif 115.

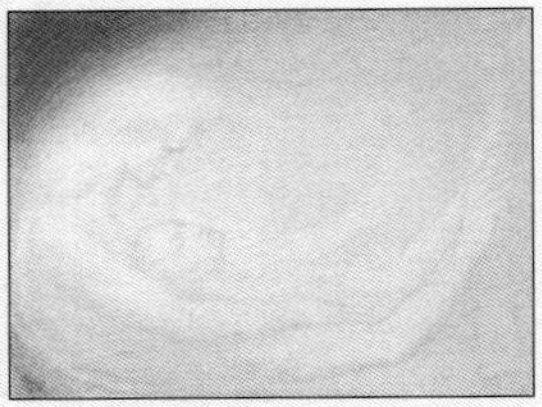

**FABRY**, Emile
(1865-1966)

*Rhyfel, 1914*

**NMW A 1689**
creon ar bleth-bapur, 28.2 x 38
wedi'i lofnodi a'i ddyddio
Cymynroddwyd gan Margaret Davies, 1963

**Tarddiad:** anhysbys, mae'n fwy na thebyg ei fod wedi'i brynu o'r arddangosfa o gelfyddyd Gwlad Belg, Caerdydd, 1915.

**Llyfryddiaeth:** AGC, *Catalogue of an exhibition of Belgian art*, Caerdydd, 1915, rhif 80(?); AGC, *Catalogue of the Margaret S. Davies Bequest of Paintings, Drawings and Sculpture*, Caerdydd, 1963, t.39, rhif 116; M. Vincenteli, 'The Davies family and Belgian refugee artists and musicians in Wales', *Cylchgrawn Llyfrgell Genedlaethol Cymru*, 22 (1981-82), t.226-233.

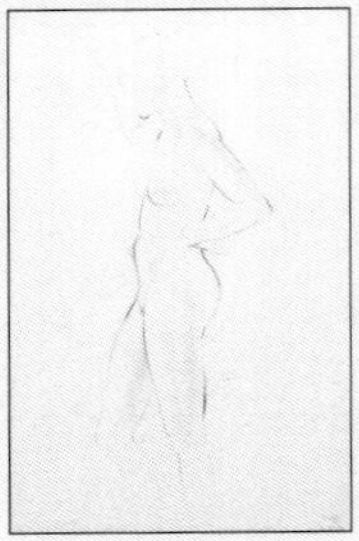

**GILL**, Eric
(1882-1940)

*Menyw noeth, 1929*

**NMW A 5505**
pensel ar bleth-bapur, 45.8 x 30.6
wedi'i lofnodi a'i ddyddio
Cymynroddwyd gan Margaret Davies, 1963

**Tarddiad:** Oriel Goupil, 1929; prynwyd gan Margaret Davies am £10.10.0, teitl y gwaith oedd *Noethlun*, rhif yr arddangosfa 49.

**Llyfryddiaeth:** AGC, *Catalogue of the Margaret S. Davies Bequest of Paintings, Drawings and Sculpture*, Caerdydd, 1963, t.40, rhif 117.

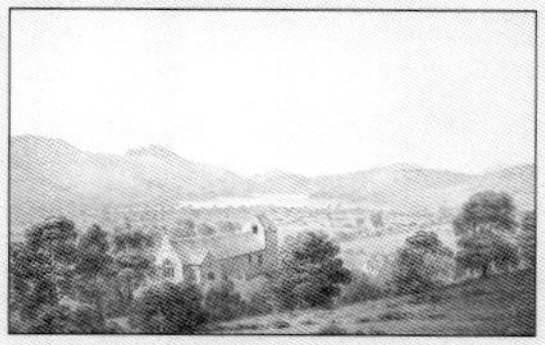

**GRIFFITH**, Moses
(1747-1819)

*Llyn Tegid, 1805*

**NMW A 14706**
dyfrlliw dros bensel ar bleth-bapur gyda border o olchiad du, 24 x 37.9
verso: brasluniau o Cader Idris, Aran Benllyn, Aran Morddu, Arennig, Mynydd Nodd
Cymynroddwyd gan Margaret Davies, 1963

**Tarddiad:** Thomas Pennant; David Pennant; trwy ddisgyniad i'r Is-iarll Feilding; Christie's 1938; prynwyd ef oddi yno gan Walker Galleries Ltd.; prynodd Margaret Davies ef oddi wrthynt hwy, Chwefror 1939.

**Llyfryddiaeth:** AGC, *Catalogue of the Margaret S. Davies Bequest of Paintings, Drawings and Sculpture*, Caerdydd, 1963, t.41, rhif 124; Cyngor Celfyddydau Cymru, *Moses Griffith: Artist and Illustrator in the service of Thomas Pennant*, 1979, rhif 1.

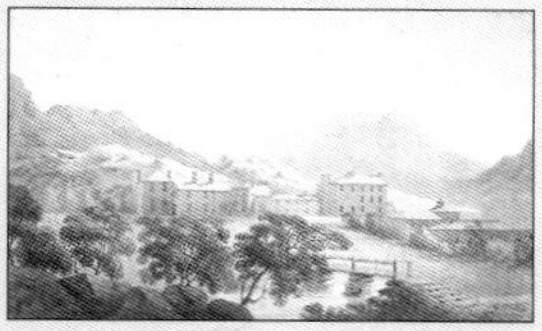

**GRIFFITH**, Moses
(1747-1819)

*Capel Curig, Caernarfon, 1806*

**NMW A 3193**
dyfrlliw dros bensel ar bleth-bapur, 27.5 x 46.5
wedi'i lofnodi a'i ddyddio
Cymynroddwyd gan Margaret Davies, 1963

**Tarddiad:** Thomas Pennant; David Pennant; trwy ddisgyniad i'r Is-iarll Feilding; Christie's 1938; prynwyd ef oddi yno gan Walker Galleries Ltd.; prynwyd gan Margaret Davies, Chwefror 1939.

**Llyfryddiaeth:** AGC, *Catalogue of the Margaret S. Davies Bequest of Paintings, Drawings and Sculpture*, Caerdydd, 1963, t.41, rhif 122; Cyngor Celfyddydau Cymru, *Moses Griffith: Artist and Illustrator in the service of Thomas Pennant*, 1979, rhif 9.

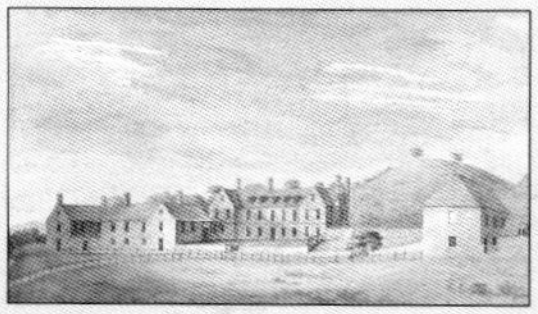

**GRIFFITH**, Moses
(1747-1819)

*Plas Gregynog, c.1789*

**NMW A 3034**
dyfrlliw ac inc ar bleth-bapur gyda border golchlin, 24.7 x 41
wedi'i lofnodi
Cymynroddwyd gan Margaret Davies, 1963

**Tarddiad:** Thomas Pennant; David Pennant; trwy ddisgyniad i'r Is-iarll Feilding; Christie's 1938; o ble y prynwyd ef gan Walker Galleries Ltd; prynwyd gan Margaret Davies, Chwefror 1939.

**Llyfryddiaeth:** AGC, *Catalogue of the Margaret S. Davies Bequest of Paintings, Drawings and Sculpture*, Caerdydd, 1963, t.40, rhif 121.

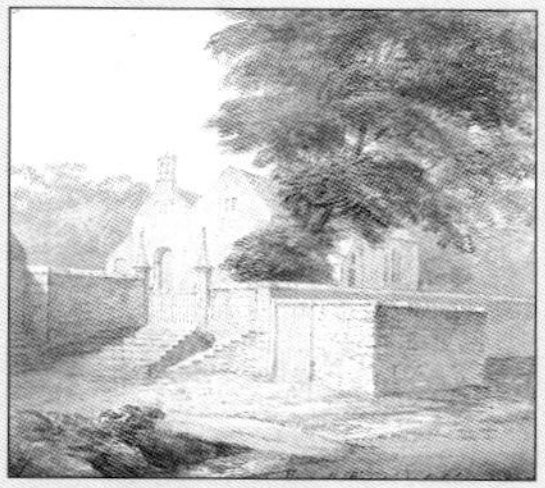

**GRIFFITH**, Moses
(1747-1819)

*Llansanffraid, Sir Ddinbych*

**NMW A 14586**
dyfrlliw dros bensel ar bleth-bapur, 27.8 x 30.7
wedi'i lofnodi
Cymynroddwyd gan Margaret Davies, 1963

**Tarddiad:** Thomas Pennant; David Pennant; trwy ddisgyniad i'r Is-iarll Feilding; Christie's 1938; prynwyd ef oddi yno gan Walker Galleries Ltd.; prynwyd gan Margaret Davies, Chwefror 1939.

**Llyfryddiaeth:** AGC, *Catalogue of the Margaret S. Davies Bequest of Paintings, Drawings and Sculpture*, Caerdydd, 1963, t.40, rhif 118; Cyngor Celfyddydau Cymru, *Moses Griffith: Artist and Illustrator in the service of Thomas Pennant*, 1979, rhif 29.

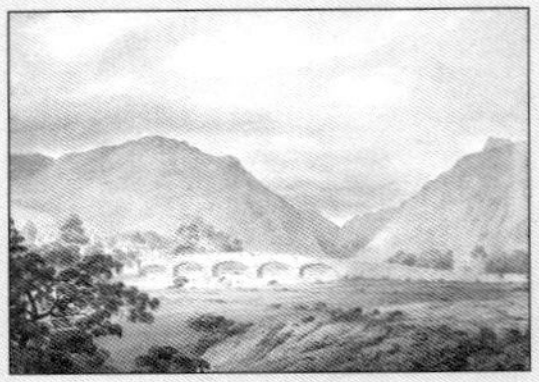

**GRIFFITH**, Moses
(1747-1819)

*Pont Llanelltyd, Sir Feirionnydd*

**NMW A 14937**
dyfrlliw dros bensel ar bleth-bapur, 25.5 x 37
Cymynroddwyd gan Margaret Davies, 1963

**Tarddiad:** Thomas Pennant; David Pennant; trwy ddisgyniad i'r Is-iarll Feilding; Christie's 1938; prynwyd ef oddi yno gan Walker Galleries Ltd.; prynwyd gan Margaret Davies, Chwefror 1939.

**Llyfryddiaeth:** AGC, *Catalogue of the Margaret S. Davies Bequest of Paintings, Drawings and Sculpture*, Caerdydd, 1963, t.41, rhif 124; Cyngor Celfyddydau Cymru, *Moses Griffith: Artist and Illustrator in the service of Thomas Pennant*, 1979, rhif 27.

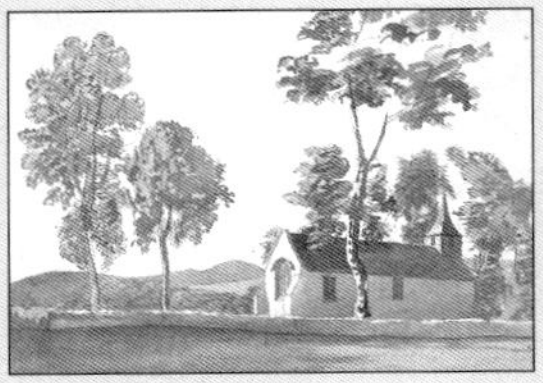

**GRIFFITH**, Moses
(1747-1819)

*Eglwys Nannerch, ger yr Wyddgrug*

**NMW A 3149**
dyfrlliw dros bensel ar bapur gwrymiog gyda border o olchiad du, 26.1 x 36.2
Cymynroddwyd gan Margaret Davies, 1963

**Tarddiad:** Thomas Pennant; David Pennant; trwy ddisgyniad i'r Is-iarll Feilding; Christie's 1938; prynwyd ef oddi yno gan Walker Galleries Ltd.; prynwyd gan Margaret Davies, Chwefror 1939.

**Llyfryddiaeth:** AGC, *Catalogue of the Margaret S. Davies Bequest of Paintings, Drawings and Sculpture*, Caerdydd, 1963, t.40, rhif 119.

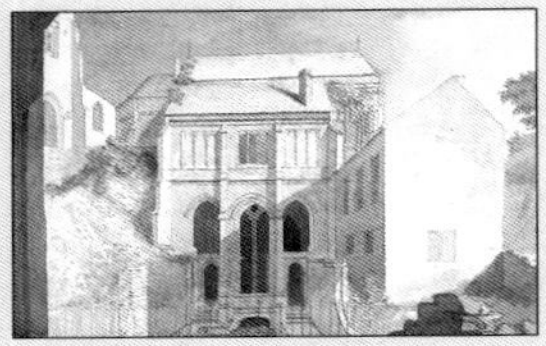

**GRIFFITH**, Moses
(1747-1819)

*Ffynnon Wenfrewi, Treffynnon*

**NMW A 3370**
dyfrlliw ac inc dros bensel ar bapur gwrymiog, border golchlin o'i gwmpas, 29.6 x 44.6
Cymynroddwyd gan Margaret Davies, 1963

**Tarddiad:** Thomas Pennant; David Pennant; trwy ddisgyniad i'r Is-iarll Feilding; Christie's 1938; prynwyd ef oddi yno gan Walker Galleries Ltd.; prynwyd gan Margaret Davies, Chwefror 1939.

**Llyfryddiaeth:** AGC, *Catalogue of the Margaret S. Davies Bequest of Paintings, Drawings and Sculpture*, Caerdydd, 1963, t.40, rhif 120; Cyngor Celfyddydau Cymru, *Moses Griffith: Artist and Illustrator in the service of Thomas Pennant*, 1979, rhif 24.

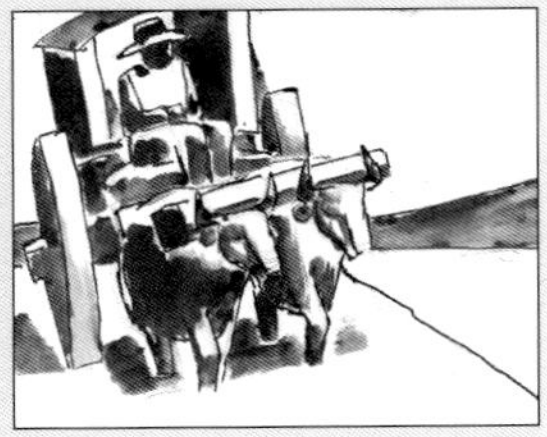

**HERMAN**, Josef
(1911-2000)

*Y Fen Ychen*

**NMW A 14921**
inc a golchiad dros bensel ar bapur gwrymiog, 20.4 x 25.3
Cymynroddwyd gan Margaret Davies, 1963

**Tarddiad:** Roland, Browse and Delbanco, Tachwedd, 1959; prynwyd ef oddi yno gan Margaret Davies am £26.5.0

**Llyfryddiaeth:** AGC, *Catalogue of the Margaret S. Davies Bequest of Paintings, Drawings and Sculpture*, Caerdydd, 1963, t.41, rhif 125.

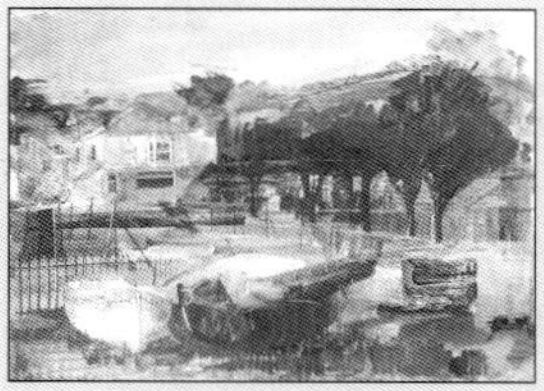

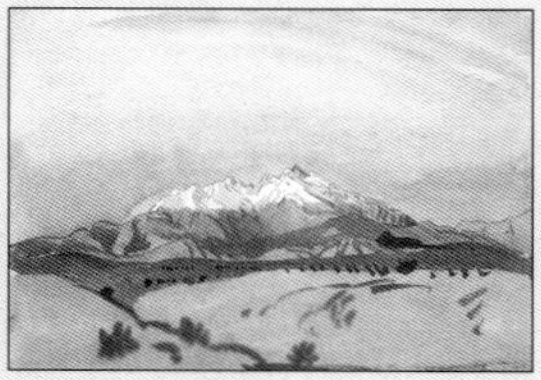

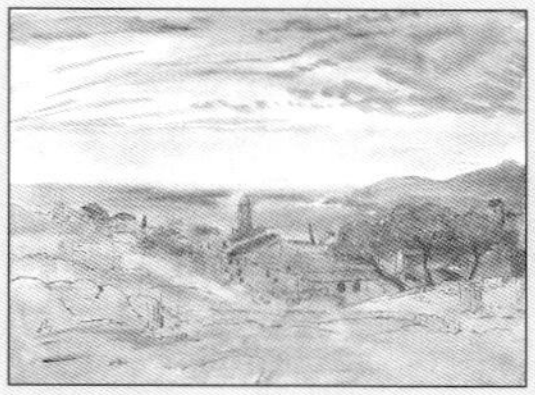

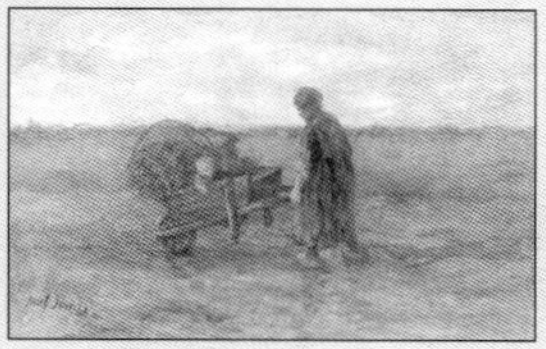

**HOWARD JONES**, Ray
(1903-1996)

*The Antelope, Y Mwmbwls, 1959*

**NMW A 14438**
dyfrlliw, gouache, sialc a phensel ar bleth-bapur, 38.5 x 54.4
wedi'i lofnodi a'i ddyddio
Cymynroddwyd gan Margaret Davies, 1963

**Tarddiad:** Grŵp De Cymru, Ionawr 1961; prynwyd ef oddi wrthynt gan Margaret Davies am £17.17.0.

**Llyfryddiaeth:** AGC, *Catalogue of the Margaret S. Davies Bequest of Paintings, Drawings and Sculpture*, Caerdydd, 1963, t.42, rhif 103.

**INNES**, James Dixon
(1887-1914)

*Canigou 1912*

**NMW A 14919**
inc a dyfrlliw ar bapur, 25.4 x 35.4
wedi'i lofnodi a'i ddyddio
Cymynroddwyd gan Margaret Davies, 1963

**Tarddiad:** Oriel Redfern; prynwyd ef oddi yno gan Margaret Davies, Tachwedd 1939.

**Llyfryddiaeth:** AGC, *Catalogue of the Margaret S. Davies Bequest of Paintings, Drawings and Sculpture*, Caerdydd, 1963, t.41, rhif 126.

**Sylw:** *Mynyddoedd yng Nghymru* oedd teitl blaenorol y gwaith hwn.

**INNES**, James Dixon
(1887-1914)

*Collioure*

**NMW A 14705**
dyfrlliw ac inc ar bleth-bapur, 27.9 x 38.8
Cymynroddwyd gan Margaret Davies, 1963

**Tarddiad:** The Leicester Galleries; prynwyd ef oddi yno gan Margaret Davies, Chwefror 1952 (3).

**Llyfryddiaeth:** AGC, *Catalogue of the Margaret S. Davies Bequest of Paintings, Drawings and Sculpture*, Caerdydd, 1963, t.41, rhif 127.

**ISRÄELS**, Joseph
(1824-1911)

*Dychwelyd o'r Caeau*

**NMW A 1690**
dyfrlliw a gouache ar bleth-bapur, 21.5 x 34
wedi'i lofnodi
Cymynroddwyd gan Margaret Davies, 1963

**Tarddiad:** Alexander Young; gwerthwyd yn Christie's, 30 Mehefin 1910 (lot 12) i Hugh Blaker yn gweithredu ar ran Margaret Davies.

**Llyfryddiaeth:** AGC, *Catalogue of the Margaret S. Davies Bequest of Paintings, Drawings and Sculpture*, Caerdydd, 1963, t.92, rhif 128.

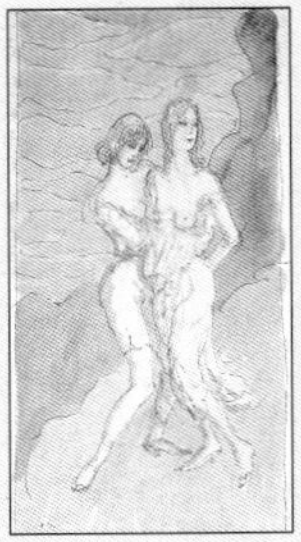

**JOHN**, Augustus
(1878-1961)

*Amantes Délaissées*

**NMW A 14931**
dyfrlliw ac inc ar bleth-bapur, 50.9 x 35.5
wedi'i lofnodi
Cymynroddwyd gan Gwendoline Davies, 1952

**Tarddiad:** Chenil Galleries; prynwyd ef oddi yno gan Gwendoline Davies, Rhagfyr 1919.

**Llyfryddiaeth:** AGC, *Catalogue of the Gwendoline E. Davies Bequest of Paintings, Drawings and Sculpture*, Caerdydd, 1952, t.17, rhif 55.

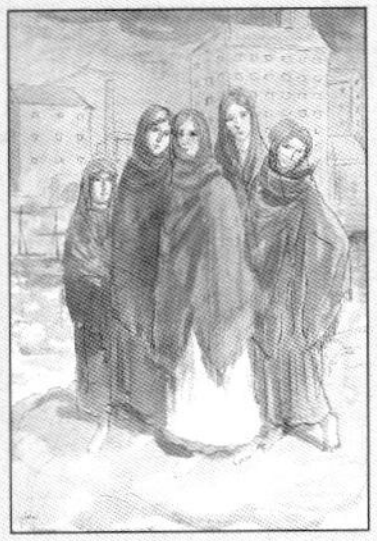

**JOHN**, Augustus
(1878-1961)

*Siolau Donegal*

**NMW A 3663**
dyfrlliw ac inc (wedi pylu) ar bleth-bapur, 45.6 x 31.6
wedi'i lofnodi
Cymynroddwyd gan Gwendoline Davies, 1952

**Tarddiad:** Casgliad T. Sands Johnson; gwerthwyd yn Christie's 19 Mai 1926 (41); ?Messrs Sampson; ?Hugh Blaker; Gwendoline Davies.

**Llyfryddiaeth:** AGC, *Catalogue of the Gwendoline E. Davies Bequest of Paintings, Drawings and Sculpture*, Caerdydd, 1952, t.17, rhif 59; AGC, *Themes and Variations: the drawings of Augustus John*, Caerdydd, 1996.

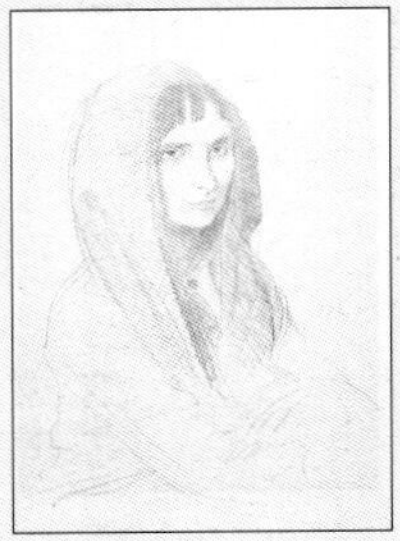

**JOHN**, Augustus
(1878-1961)

*Dorelia McNeil fel Gwyddeles Ifanc, 1915-16*

**NMW A 1845**
pastel ar bleth-bapur, 35.5 x 25.3
wedi'i lofnodi
Cymynroddwyd gan Margaret Davies, 1963

**Tarddiad:** Hugh Blaker; gwerthwyd yn The Leicester Galleries, Mawrth 1937 (34) i Margaret Davies.

**Llyfryddiaeth:** AGC, *Catalogue of the Margaret S. Davies Bequest of Paintings, Drawings and Sculpture*, Caerdydd, 1963, t.42, rhif 129; M. Holroyd, *Augustus John - A Biography, cyfrol 2, The Years of Experience*, Llundain, 1975, tt.107-108 a 364-366; Augustus John, *Autobiography*, Llundain, 1975, tt.107-108; M. Easton, M. Holroyd, *The Art of Augustus John*, Llundain, 1976, tt.78-79 a 158-159; AGC, M. Evans, *Portraits by Augustus John, Family, Friends and the Famous*, Caerdydd 1988, t.40, rhif 25.

Teitl blaenorol: *Gwyddeles Ifanc*.

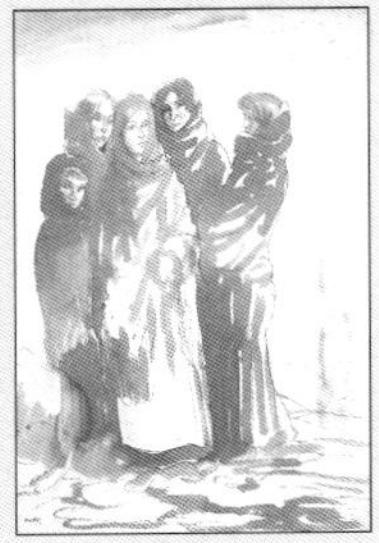

**JOHN**, Augustus
(1878-1961)

*Gwerinwyr Galway*

**NMW A 3664**
inc a golchiad (wedi pylu) ar bleth-bapur, 45.7 x 31.6
Cymynroddwyd gan Gwendoline Davies, 1952

**Tarddiad:** Chenil Galleries; prynwyd gan Gwendoline Davies, Rhagfyr 1919.

**Llyfryddiaeth:** AGC, *Catalogue of the Gwendoline E. Davies Bequest of Paintings, Drawings and Sculpture*, Caerdydd, 1952, t.16, rhif 48; AGC, *Themes and Variations: the drawings of Augustus John*, Caerdydd, 1996.

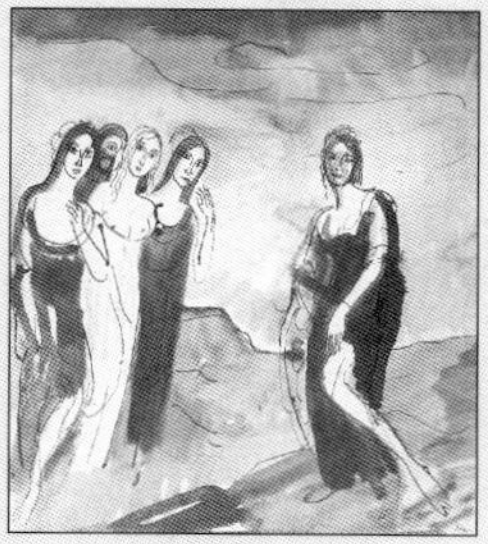

**JOHN**, Augustus
(1878-1961)

*Grŵp o Wragedd*

**NMW A 14932**
inc a golchiad ar bleth-bapur, 45.9 x 40.7
wedi'i lofnodi
Cymynroddwyd gan Gwendoline Davies, 1952

**Tarddiad:** Chenil Galleries; prynwyd gan Gwendoline Davies, Rhagfyr 1919.

**Llyfryddiaeth:** AGC, *Catalogue of the Gwendoline E. Davies Bequest of Paintings, Drawings and Sculpture*, Caerdydd, 1952, t.16, rhif 52.

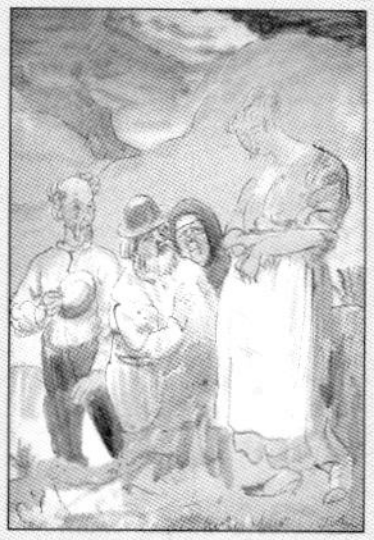

**JOHN**, Augustus
(1878-1961)

*Carwriaeth Gwerinwr o Wyddel I*

**NMW A 14935**
dyfrlliw a golchiad yn cynnwys olew ar bleth-bapur, 50.9 x 35.6
wedi'i lofnodi
Cymynroddwyd gan Gwendoline Davies, 1952

**Tarddiad:** Chenil Galleries; prynwyd gan Gwendoline Davies, Rhagfyr 1919.

**Llyfryddiaeth:** AGC, *Catalogue of the Gwendoline E. Davies Bequest of Paintings, Drawings and Sculpture*, Caerdydd, 1952, t.16, rhif 49.

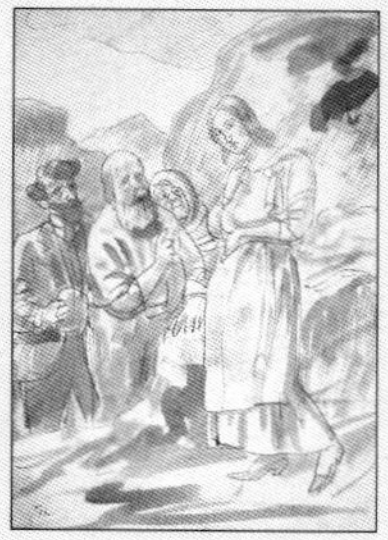

**JOHN**, Augustus
(1878-1961)

*Carwriaeth Gwerinwr o Wyddel II*

**NMW A 14934**
inc a golchiad ar bleth-bapur, 45.8 x 32.6
wedi'i lofnodi
Cymynroddwyd gan Gwendoline Davies, 1952

**Tarddiad:** Chenil Galleries; prynwyd gan Gwendoline Davies, Rhagfyr 1919.

**Llyfryddiaeth:** AGC, *Catalogue of the Gwendoline E. Davies Bequest of Paintings, Drawings and Sculpture*, Caerdydd, 1952, t.16, rhif 50.

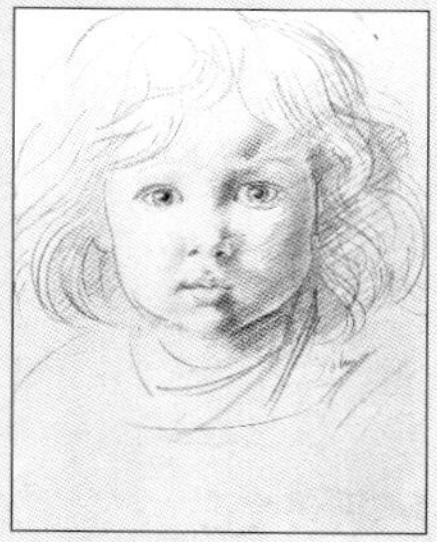

**JOHN**, Augustus
(1878-1961)

*Pyramus John, 1908*

**NMW A 3225**
pensel ar bleth-bapur, 35.5 x 25.3
wedi'i lofnodi
Cymynroddwyd gan Gwendoline Davies, 1952

**Tarddiad:** Chenil Galleries; prynwyd gan Gwendoline Davies, Rhagfyr 1919.

**Llyfryddiaeth:** AGC, *Catalogue of the Gwendoline E. Davies Bequest of Paintings, Drawings and Sculpture*, Caerdydd, 1952, t.17, rhif 58; M. Holroyd, *Augustus John - A Biography, cyfrol 1, The Years of Innocence*, Llundain, 1974, tt.199-200; M. Holroyd, *Augustus John - A Biography, cyfrol 2, The Years of Experience*, Llundain, 1975, t.26; M. Easton, M. Holroyd, *The Art of Augustus John*, Llundain, 1976, tt.68-9; M. Evans, *Portraits by Augustus John, Family, Friends and the Famous*, AGC Caerdydd 1988, rhif 16, (llun) t.33.

Teitl blaenorol: *Braslun o Ben Bachgen.*

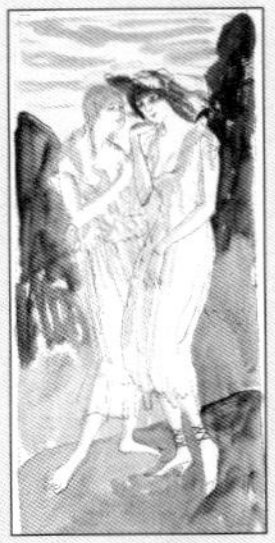

**JOHN**, Augustus
(1878-1961)

*Secrets d'Amour*

**NMW A 14933**
dyfrlliw ac inc ar bleth-bapur, 51 × 35.6
wedi'i lofnodi
Cymynroddwyd gan Gwendoline Davies, 1952

**Tarddiad:** Chenil Galleries; prynwyd gan Gwendoline Davies, Rhagfyr 1919.

**Llyfryddiaeth:** AGC, *Catalogue of the Gwendoline E. Davies Bequest of Paintings, Drawings and Sculpture*, Caerdydd, 1952, t.17, rhif 54.

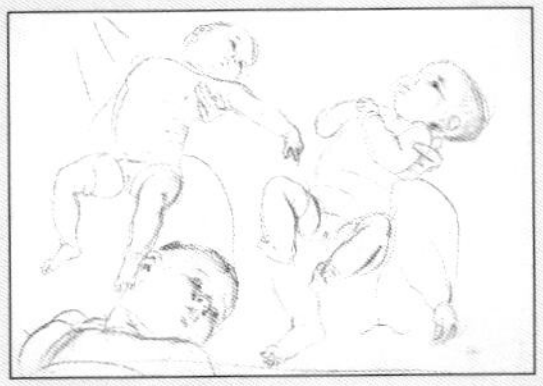

**JOHN**, Augustus
(1878-1961)

*Brasluniau o Blentyn*

**NMW A 14930**
pensel ar bleth-bapur, 35.6 × 50.9
wedi'i lofnodi â phensel, de isaf
Cymynroddwyd gan Gwendoline Davies, 1952

**Tarddiad:** Chenil Galleries; prynwyd gan Gwendoline Davies, Rhagfyr 1919.

**Llyfryddiaeth:** AGC, *Catalogue of the Gwendoline E. Davies Bequest of Paintings, Drawings and Sculpture*, Caerdydd, 1952, t.17, rhif 57.

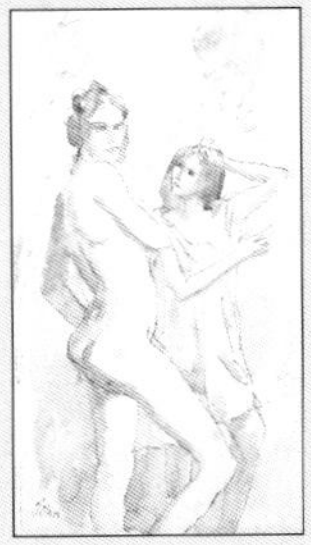

**JOHN**, Augustus
(1878-1961)

*Braslun ar gyfer 'Yr Ymdrochwyr'*

**NMW A 14927**
inc a golchiad ar bapur, 35.6 × 25.5
wedi'i lofnodi
Cymynroddwyd gan Gwendoline Davies, 1952

**Tarddiad:** Chenil Galleries; prynwyd gan Gwendoline Davies, Rhagfyr 1919.

**Llyfryddiaeth:** AGC, *Catalogue of the Gwendoline E. Davies Bequest of Paintings, Drawings and Sculpture*, Caerdydd, 1952, t.16, rhif 51.

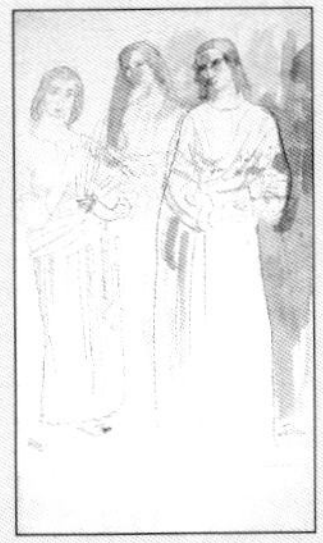

**JOHN**, Augustus
(1878-1961)

*Tair Menyw*

**NMW A 14928**
inc a golchiad ar bleth-bapur, 46 × 26.8
wedi'i lofnodi
Cymynroddwyd gan Gwendoline Davies, 1952

**Tarddiad:** Chenil Galleries; prynwyd gan Gwendoline Davies, Rhagfyr 1919.

**Llyfryddiaeth:** AGC, *Catalogue of the Gwendoline E. Davies Bequest of Paintings, Drawings and Sculpture*, Caerdydd, 1952, t.17, rhif 53.

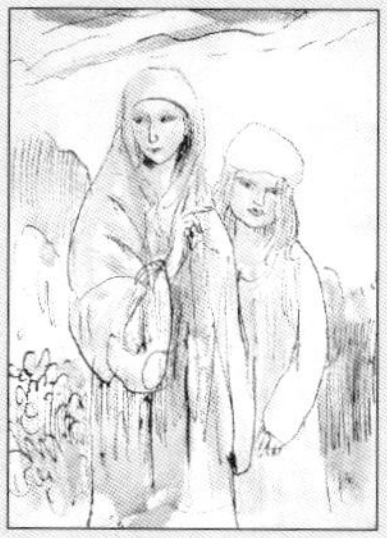

**JOHN**, Augustus
(1878-1961)

*Fforddolion*

**NMW A 14929**
inc a golchiad ar bleth-bapur, 35.8 x 25.4
wedi'i lofnodi
Cymynroddwyd gan Gwendoline Davies, 1952

**Tarddiad:** Chenil Galleries; prynwyd gan Gwendoline Davies, Rhagfyr 1919.

**Llyfryddiaeth:** AGC, *Catalogue of the Gwendoline E. Davies Bequest of Paintings, Drawings and Sculpture*, Caerdydd, 1952, t.17, rhif 56.

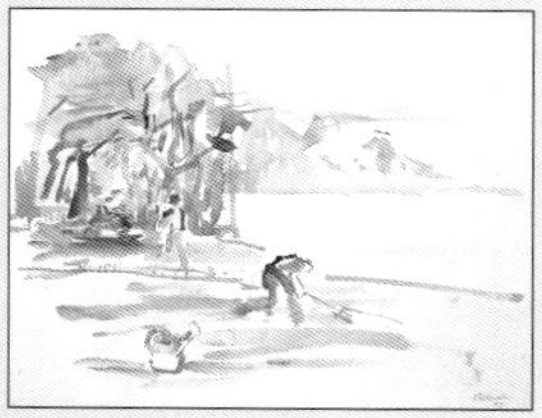

**KOKOSCHKA**, Oskar
(1886-1980)

*Tirlun a Choelcerth, 1958*

**NMW A 1691**
dyfrlliw ar bapur Ingres, 47.7 x 63.4
wedi'i lofnodi a'i ddyddio
Cymynroddwyd gan Margaret Davies, 1963

**Tarddiad:** Marlborough Fine Art Ltd, Kokoschka, Moore, Sutherland - lluniau dyfrlliw a darluniau, Hydref 1962, (18); o ble y prynwyd ef gan Margaret Davies am £700 ar 12 Tachwedd 1962.

**Llyfryddiaeth:** Marlborough Fine Art Ltd., *Oskar Kokoschka in England and Scotland*, Llundain, 1960, rhif 74; Marlborough Fine Art Ltd., *Watercolours and Drawings by Oskar Kokoschka, Henry Moore and Graham Sutherland*, Llundain, 1962, rhif 18; AGC, *Catalogue of the Margaret S. Davies Bequest of Paintings, Drawings and Sculpture*, Caerdydd, 1963, t.42, rhif 131.

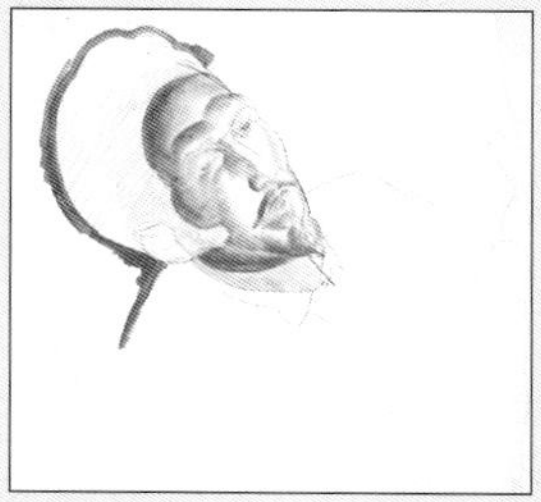

**LEWIS**, Percy Wyndham
(1882-1957)

*Ezra Pound*

**NMW A 1867**
pensel, dyfrlliw a gouache ar bleth-bapur, 35.5 x 38.5
Cymynroddwyd gan Margaret Davies, 1963

**Tarddiad:** Leicester Galleries; o ble y prynwyd ef gan Margaret Davies am £15-15-00, Mai 1921.

**Llyfryddiaeth:** AGC, *Catalogue of the Margaret S. Davies Bequest of Paintings, Drawings and Sculpture*, Caerdydd, 1963, t.43, rhif 132; W. Michel, *Wyndham Lewis*, Llundain, 1971, rhif 347.

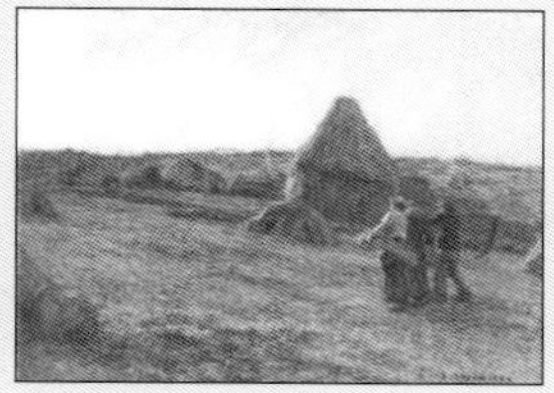

**LHERMITTE**, Leon Augustin
(1844-1925)

*Dychweliad y Cynaeafwyr*

**NMW A 1692**
pastel ar bapur llwyd dros gynfas, 35 x 45.1
wedi'i lofnodi
Cymynroddwyd gan Margaret Davies, 1963

**Tarddiad:** Boussod Valadon & Cie; prynwyd ef oddi wrthynt gan Arthur Tooth a'i Feibion; ac oddi wrthynt hwy gan Margaret Davies, 4 Gorffennaf 1912, am £160.

**Llyfryddiaeth:** AGC, *Catalogue of the Margaret S. Davies Bequest of Paintings, Drawings and Sculpture*, Caerdydd, 1963, t.43, rhif 133; Monique le Pelley Fontenty, *Léon Augustin Lhermitte (1844-1925) Catalogue Raisonné*, Paris, 1991, t.191, rhif 170.

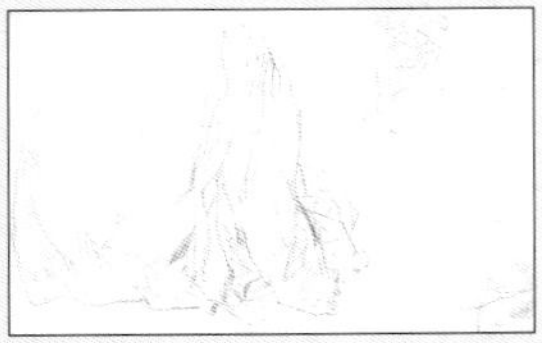

**MARIS**, Matthuis
(1839-1917)

*Braslun o wisg c.1874*

**NMW A 1686**
pensel ar bleth-bapur, 14.9 x 23.8
verso: braslun o wisg
Cymynroddwyd gan Gwendoline Davies, 1952

**Tarddiad:** anhysbys, mae'n fwy na thebyg ei fod wedi'i brynu o'r Oriel Ffrengig, 29 Rhagfyr 1913, yr un pryd â *Mae'n dod* (olew).

**Llyfryddiaeth:** AGC, *Catalogue of the Gwendoline E. Davies Bequest of Paintings, Drawings and Sculpture*, Caerdydd, 1952, t.19, rhif 66c.

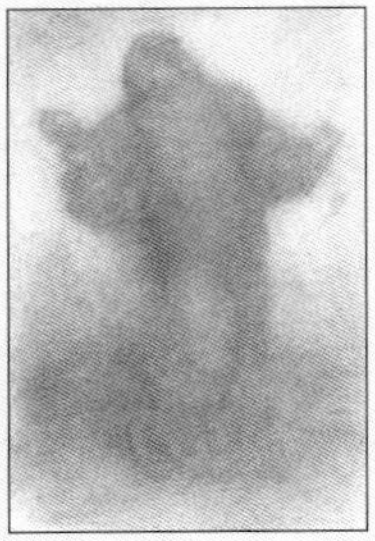

**MARIS**, Matthuis
(1839-1917)

*Tro llawen*

**NMW A 1687**
creon ar bleth-bapur, 29.8 x 20.6
Cymynroddwyd gan Gwendoline Davies, 1952

**Tarddiad:** W. Craibe Angus, Glasgow; D. Croal Thomson/ yr Oriel Ffrengig; o ble y gwerthwyd ef i Gwendoline Davies ar 28 Tachwedd, 1913 gyda thri gwaith arall: M. Maris, *Yn y goedwig* (olew), H. Daumier, *Un avocat* (olew), H. Daumier, *Dans la rue* (olew), am gyfanswm o £1,800.

**Llyfryddiaeth:** D. Croal Thompson, *Matthew Maris: A Souvenir*, Llundain, 1918, rhif 31; AGC, *Catalogue of the Gwendoline E. Davies Bequest of Paintings, Drawings and Sculpture*, Caerdydd, 1952, t.18, rhif 65; van Gelder, *Mattijs Maris*, Amsterdam, 1939, t.57.

**MARIS**, Matthuis
(1839-1917)

*Braslun o Fenyw'n Eistedd a chanddi Glogail, c.1874*

**NMW A 1684**
pensel ar bleth-bapur, 14.9 x 23.9
verso: braslun o gath, baban, lamplen a llaw
Cymynroddwyd gan Gwendoline Davies, 1952

**Tarddiad:** anhysbys, mae'n fwy na thebyg ei fod wedi'i brynu o'r Oriel Ffrengig, 29 Rhagfyr 1913, yr un pryd â *Mae'n dod* (olew).

**Llyfryddiaeth:** D. Croal Thompson, *Matthew Maris: A Souvenir*, Llundain, 1918; AGC, *Catalogue of the Gwendoline E. Davies Bequest of Paintings, Drawings and Sculpture*, 1952, t.19, rhif 66b.

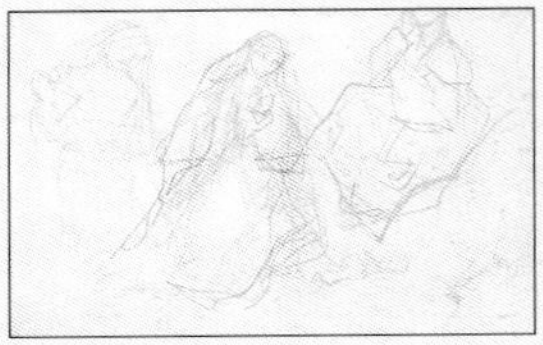

**MARIS**, Matthuis
(1839-1917)

*Brasluniau o Fenyw'n Eistedd, c.1874*

**NMW A 1685**
pensel ar bleth-bapur, 14.9 x 23.8
verso: *braslun o wisg, cathod a dwylo*
Cymynroddwyd gan Gwendoline Davies, 1952

**Tarddiad:** anhysbys, mae'n fwy na thebyg ei fod wedi'i brynu o'r Oriel Ffrengig, 29 Rhagfyr 1913, yr un pryd â *Mae'n dod* (olew).

**Llyfryddiaeth:** AGC, *Catalogue of the Gwendoline E. Davies Bequest of Paintings, Drawings and Sculpture*, Caerdydd, 1952, t.19, rhif 66a.

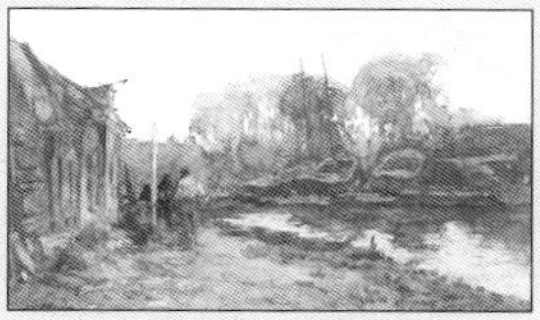

**MASTENBROEK**, Jan Hendrik van (1875-1945)

*Camlas yn Overschie, Y Machlud, 1899*

**NMW A 1693**
dyfrlliw a gouache ar bleth-bapur, 18.6 x 32.2
wedi'i lofnodi a'i ddyddio
Cymynroddwyd gan Margaret Davies, 1963

**Tarddiad:** Casglwr preifat, Alexander Young; Oriel Thomas Agnew a'i Feibion, Llundain; prynwyd gan Margaret Davies am £32-0-0 ar 28 Chwefror 1910.
**Llyfryddiaeth:** AGC, *Catalogue of the Margaret S. Davies Bequest of Paintings, Drawings and Sculpture*, Caerdydd, 1963, t.43, rhif 134.

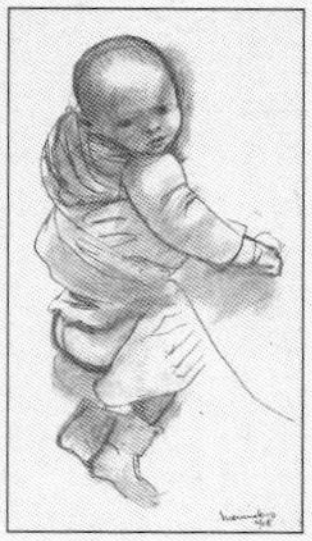

**MENINSKY**, Bernard (1891-1950)

*Baban ym mreichiau ei fam, 1918*

**NMW A 1694**
pen ac inc a golchiad ar bleth-bapur, 24.1 x 13.9
wedi'i lofnodi a'i ddyddio
Cymynroddwyd gan Margaret Davies, 1963

**Tarddiad:** Hugh Blaker; Jane Blaker trwy ddisgyniad; The Leicester Galleries, Llundain, *Arddangosfa o ddetholiad o baentiadau, darluniau a cherfluniau o gasgliad Hugh Blaker* (49), gwerthwyd i Margaret Davies, am £7-7-0 Mawrth 1948.

**Llyfryddiaeth:** Leicester Galleries, *Catalogue of an exhibition of selected paintings, drawings and sculpture from the Hugh Blaker collection,* Llundain, 1948, rhif 49; AGC, *Catalogue of the Margaret S. Davies Bequest of Paintings, Drawings and Sculpture*, Caerdydd, 1963, rhif 135.

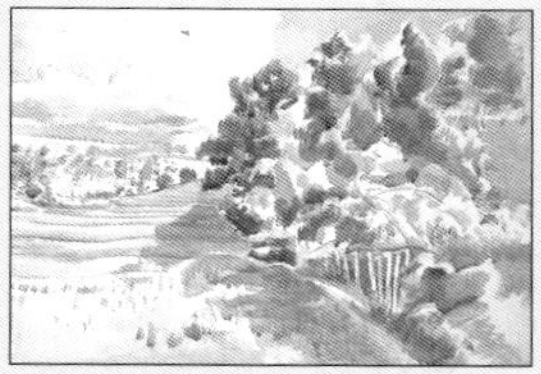

**NASH**, Paul (1889 - 1946)

*Cae ger y coed, 1942*

**NMW A 1872**
dyfrlliw dros bensel ar bleth-bapur, 39.6 x 57.5
wedi'i lofnodi
Cymynroddwyd gan Margaret Davies, 1963

**Tarddiad:** The Redfern Gallery; prynwyd oddi yno gan Margaret Davies ar 9 Mehefin 1961 (321) am £350.

**Llyfryddiaeth:** AGC, *Catalogue of the Margaret S. Davies Bequest of Paintings, Drawings and Sculpture*, Caerdydd, 1963, t.44, rhif 136.

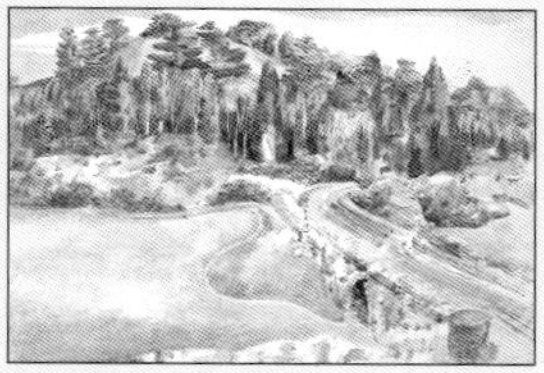

**NASH**, Paul (1889 - 1946)

*Gregynog, 1938*

**NMW A 1871**
dyfrlliw dros bensel ar bleth-bapur, 39.8 x 57.6
wedi'i lofnodi
Cymynroddwyd gan Margaret Davies, 1963

**Tarddiad:** The Leicester Galleries; Guy H. Dixon; The Leicester Galleries; o ble y prynwyd ef gan Margaret Davies, Mawrth 1957 am £157.10

**Llyfryddiaeth:** AGC, *Catalogue of the Margaret S. Davies Bequest of Paintings, Drawings and Sculpture*, Caerdydd, 1963, t.44, rhif 137.

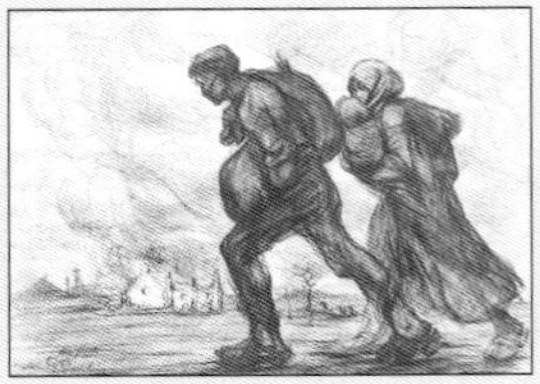

**PAULUS**, Pierre
(1881-1959)

*Ffoi, 1914*

**NMW A 1695**
dyfrlliw, creon a phensel ar bleth-bapur, 25.1 x 35.3
wedi'i lofnodi a'i ddyddio
Cymynroddwyd gan Margaret Davies, 1963

**Tarddiad:** anhysbys, mae'n fwy na thebyg ei fod wedi'i brynu o'r arddangosfa o gelfyddyd Gwlad Belg, Caerdydd, 1915.

**Llyfryddiaeth:** AGC, *Catalogue of the Margaret S. Davies Bequest of Paintings, Drawings and Sculpture*, Caerdydd, 1963, t.44, rhif 138; M. Vincenteli, 'The Davies family and Belgian refugee artists and musicians in Wales', *Cylchgrawn Llyfrgell Genedlaethol Cymru*, 22 (1981-82), tt.226-233.

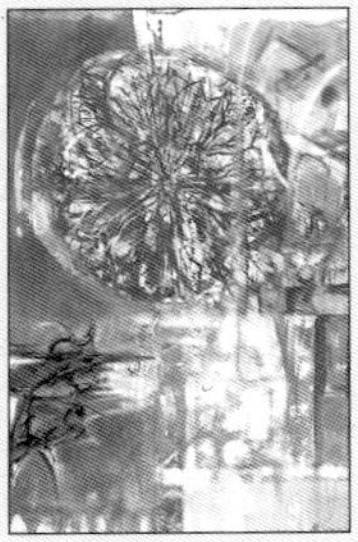

**PHILIPSON**, Robin, Syr
(1916-1992)

*Ffenestr Ros, 1788*

**NMW A 14200**
dyfrlliw ac inc ar bapur, 103.8 x 67.6
wedi'i lofnodi
Cymynroddwyd gan Margaret Davies, 1963

**Tarddiad:** Roland, Browse & Delbanco; prynwyd ef oddi wrthynt gan Margaret Davies ar 29 Hydref 1962 am £157.10.0.

**Llyfryddiaeth:** AGC, *Catalogue of the Margaret S. Davies Bequest of Paintings, Drawings and Sculpture*, Caerdydd, 1963, t.45, rhif 139.

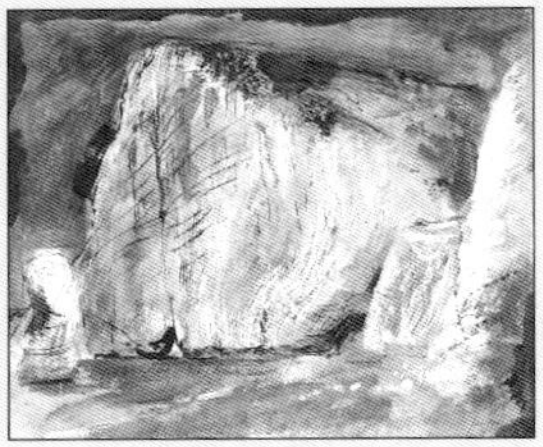

**PIPER**, John
(1903 - 1992)

*Pen Ystlum*

**NMW A 14117**
dyfrlliw, gouache, inc a phensel on paper, 53 x 65.5
wedi'i lofnodi
Cymynroddwyd gan Margaret Davies, 1963

**Tarddiad:** The Leicester Galleries, 1956; o ble y prynwyd ef gan Margaret Davies, 3 Chwefror 1956 am £85.5.0.

**Llyfryddiaeth:** AGC, *Catalogue of the Margaret S. Davies Bequest of Paintings, Drawings and Sculpture*, Caerdydd, 1963, t.45, rhif 140.

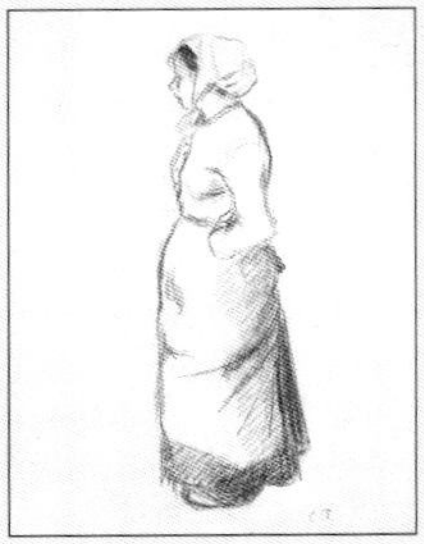

**PISSARRO**, Camille
(1831-1903)

*Gwerinwraig ifanc, c.1890*

**NMW A 1696**
sialc du ar bleth-bapur glas, 39.5 x 31
wedi'i lofnodi â blaenlythrennau'r enw
Cymynroddwyd gan Margaret Davies, 1963

**Tarddiad:** The Leicester Galleries; gwerthwyd i Margaret Davies o arddangosfa gan Camille Pissarro, Mehefin 1920, rhif 45.

**Llyfryddiaeth:** AGC, *Catalogue of the Margaret S. Davies Bequest of Paintings, Drawings and Sculpture*, Caerdydd, 1963, t.45, rhif 141; AGC, J. Ingamells, *The Davies Collection of French Art*, Caerdydd, 1967, t.72, pl.24b.

Teitl blaenorol: *Merch.*

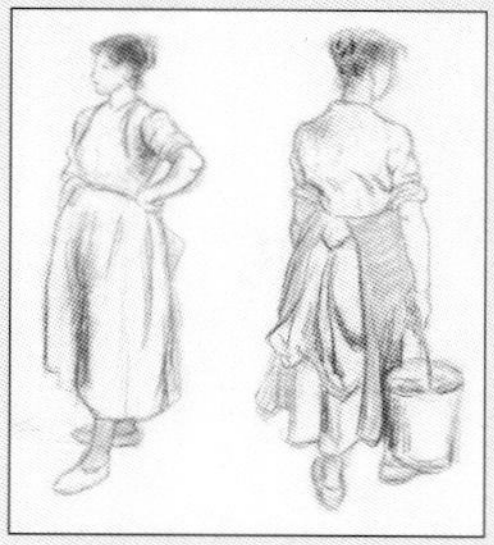

**PISSARRO**, Camille
(1831-1903)

*Dau Fraslun o Ferch c.1890*

**NMW A 1697**
sialc ar bapur gwrymiog pinc, 47.9 x 62.5
dyfrnod: A.L. yng nghanol symbol, ? corn post
Cymynroddwyd gan Margaret Davies, 1963

**Tarddiad:** The Leicester Galleries; gwerthwyd i Margaret Davies o arddangosfa gan Camille Pissarro, Mehefin 1920, rhif 49.

**Llyfryddiaeth:** AGC, *Catalogue of the Margaret S. Davies Bequest of Paintings, Drawings and Sculpture*, Caerdydd, 1963, t.45, rhif 142; AGC, J. Ingamells, *The Davies Collection of French Art*, Caerdydd, 1967, t.72, pl.24a; C. Lloyd, R. Thomson, *Impressionist Drawings from British Public and Private Collections*, 1986, rhif 60.

Teitl blaenorol: *Dwy Ferch*.

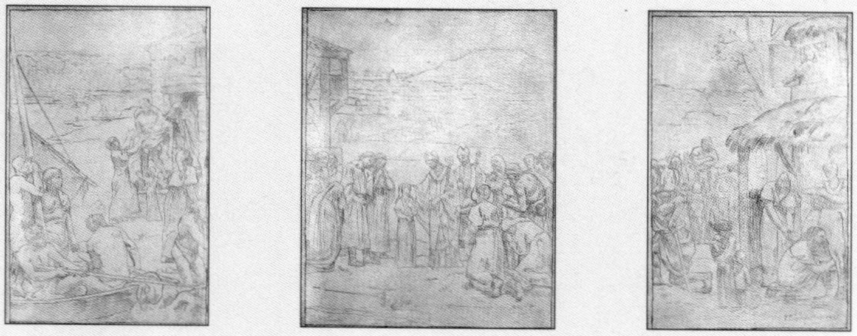

**PUVIS DE CHAVANNES**,
Pierre (1824-1898)

*Braslun ar gyfer 'Legende de Ste Geneviève', c.1875*

**NMW A 1698**
inc ar liw cefndir ar gynfas, 58.5 x 37.5 (panel chwith), 58.2 x 46 (panel canol), 58.3 x 37.4 (panel de)
Cymynroddwyd gan Margaret Davies, 1963

**Tarddiad:** M. Lepoutre; prynwyd gan Bernheim-Jeune ar 17 Rhagfyr 1919; prynwyd oddi wrthynt hwy gan Margaret Davies, 12 Mawrth 1920 am Fr 15,000.

**Llyfryddiaeth:** AGC, *Catalogue of the Margaret S. Davies Bequest of Paintings, Drawings and Sculpture*, Caerdydd, 1963, t.46, rhif 143; J. Ingamells, *The Davies Collection of French Art*, Caerdydd, 1967, t.95 a t.142; Cyngor Celfyddydau Prydain Fawr, *French Symbolist Painters*, Llundain, 1972, rhif 213.

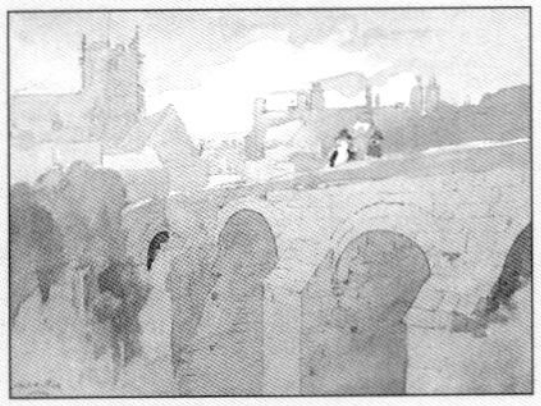

**RICH**, Alfred W.
(1856-1921)

*Corfe*

**NMW A 16331**
dyfrlliw dros bensel ar bleth-bapur, 28.3 x 37.7
wedi'i lofnodi
Cymynroddwyd gan Margaret Davies, 1963

**Tarddiad:** Walkers Galleries, Ebrill 1923 (99); prynwyd ef oddi yno gan Margaret Davies, 1923.

**Llyfryddiaeth:** AGC, *Catalogue of the Margaret S. Davies Bequest of Paintings, Drawings and Sculpture*, Caerdydd, 1963, t.47, rhif 147.

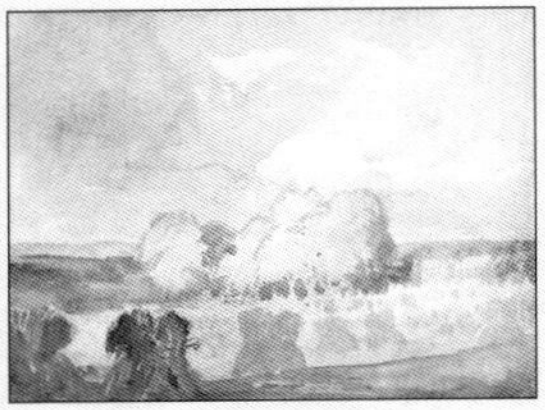

**RICH**, Alfred W.
(1856-1921)

*Stacanau ŷd*

**NMW A 14920**
dyfrlliw dros bensel ar bleth-bapur, 25.7 x 34.3
Cymynroddwyd gan Margaret Davies, 1963

**Tarddiad:** Walkers Galleries, Ebrill 1923 (146), prynwyd gan Margaret Davies, 1923.

**Llyfryddiaeth:** AGC, *Catalogue of the Margaret S. Davies Bequest of Paintings, Drawings and Sculpture*, Caerdydd, 1963, t.46, rhif 146.

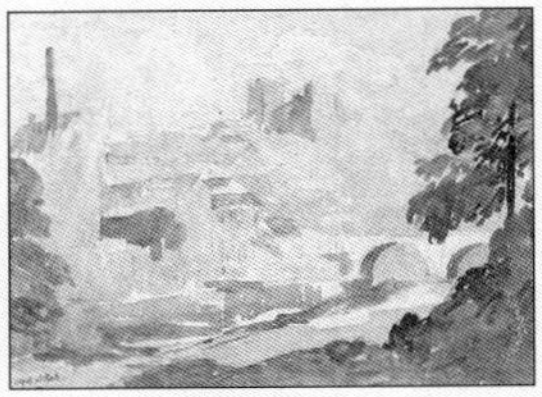

**RICH**, Alfred W.
(1856-1921)

*Richmond, Swydd Efrog*

**NMW A 14939**
dyfrlliw dros bensel ar bleth-bapur, 29.8 x 41.9
Cymynroddwyd gan Margaret Davies, 1963

**Tarddiad:** Walkers Galleries, April 1923 (109), prynwyd gan Margaret Davies, 1923.

**Llyfryddiaeth:** AGC, *Catalogue of the Margaret S. Davies Bequest of Paintings, Drawings and Sculpture*, Caerdydd, 1963, t.46, rhif 144.

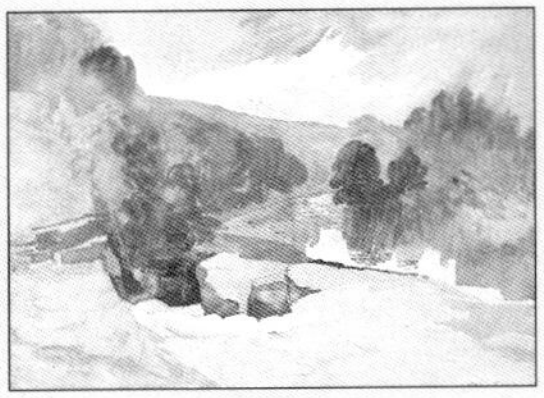

**RICH**, Alfred W.
(1856-1921)

*Yr Afon yn Llwydlo*

**NMW A 14938**
dyfrlliw dros bensel ar bleth-bapur, 35 x 47.6
Cymynroddwyd gan Margaret Davies, 1963

**Tarddiad:** Walkers Galleries, April 1923 (99); prynwyd ef oddi yno gan Margaret Davies, 1923.

**Llyfryddiaeth:** AGC, *Catalogue of the Margaret S. Davies Bequest of Paintings, Drawings and Sculpture*, Caerdydd, 1963, t.46, rhif 147.

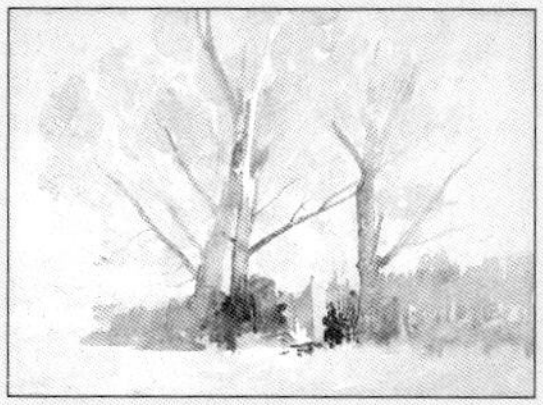

**RICH**, Alfred W.
(1856-1921)

*Coed*

**NMW A 14936**
dyfrlliw dros bensel ar bleth-bapur, 28.8 x 39.5
Cymynroddwyd gan Margaret Davies, 1963

**Tarddiad:** Walkers Galleries, April 1923 (247); prynwyd ef oddi yno gan Margaret Davies, 1923.

**Llyfryddiaeth:** AGC, *Catalogue of the Margaret S. Davies Bequest of Paintings, Drawings and Sculpture*, Caerdydd, 1963, t.46, rhif 145.

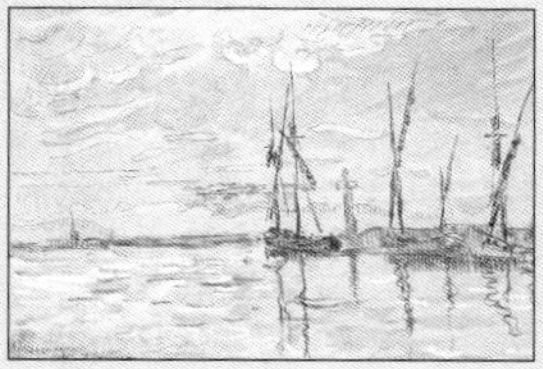

**SIGNAC**, Paul
(1863-1935)

*St. Tropez, 1918*

**NMW A 1710**
dyfrlliw a chreon ar bleth-bapur, 27.1 x 40.7
wedi'i lofnodi a'i ddyddio
Cymynroddwyd gan Gwendoline Davies, 1952

**Tarddiad:** Eldar Gallery, Llundain, Arddangosfa rhif 10 (rhif 32 Antibes); prynwyd ef oddi yno gan Gwendoline Davies am £15-15-0 ar 16 Chwefror 1920.

**Llyfryddiaeth:** AGC, J. Ingamells, *The Davies Collection of French Art*, Caerdydd, 1967, t.89, pl.39b.

Teitl blaenorol: *Antibes*.

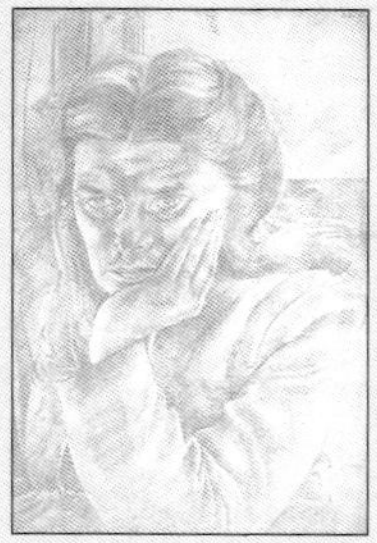

**SPENCER**, Stanley
(1891-1959)

*Hilda Spencer, 1947*

**NMW A 14582**
pensel ar bleth-bapur, 50.6 x 35.3
Cymynroddwyd gan Margaret Davies, 1963

**Tarddiad:** Dr. Eric Wilkes; Tooth A. a'i Feibion Cyf, 1960; prynwyd ef oddi yno gan Margaret Davies am £150.0.0 ar 7 Medi 1960.

**Llyfryddiaeth:** AGC, *Catalogue of the Margaret S. Davies Bequest of Paintings, Drawings and Sculpture*, Caerdydd, 1963, t.47, rhif 149; Collis, *Stanley Spencer*, Llundain, 1962, t.88 a t.247.

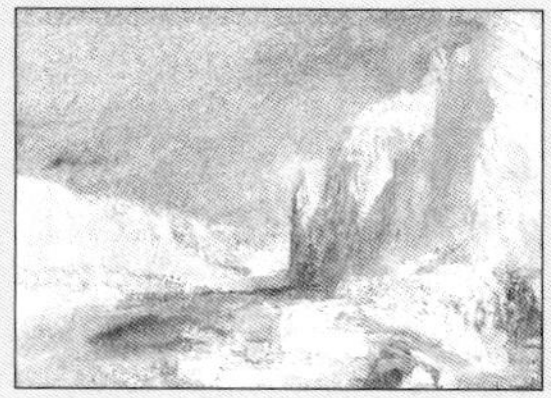

**TURNER**, Joseph Mallord William
(1775-1851)

*Dinant*

**NMW A 1756**
dyfrlliw ar bleth-bapur glas, 13.9 x 19
Cymynroddwyd gan Gwendoline Davies, 1952

**Tarddiad:** John Edward Taylor; gwerthwyd yn arwerthiant Christie's ar 5 Gorffennaf 1912 (lot 92), prynwyd gan Hugh Blaker ar ran Gwendoline Davies, am £399.

**Llyfryddiaeth:** AGC, *Catalogue of the Gwendoline E. Davies Bequest of Paintings, Drawings and Sculpture*, Caerdydd, 1952, t.25, rhif 100; A. Wilton, *The Life & Work of J.M.W. Turner*, Llundain, 1979, tt.421-2, rhif 1027; Oriel y Tate, C. Powell, *Turner's rivers of Europe: The Rhine, Meuse and Mosel*, Llundain, 1991, t.162, rhif 100.

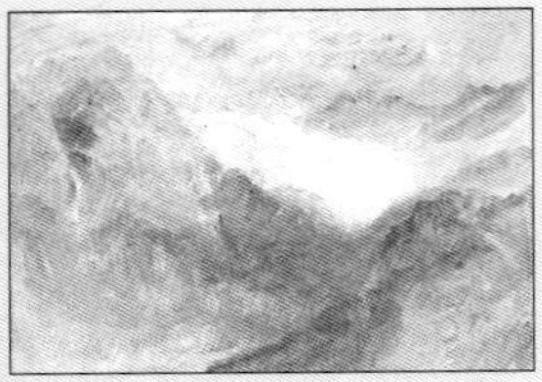

**TURNER**, Joseph Mallord William (1775-1851)

*Fort de L'Esseillon, Val de la Maurienne, c.1835*

**NMW A 1744**
dyfrlliw ar bleth-bapur, 24.2 x 34.8
Cymynroddwyd gan Gwendoline Davies, 1952

**Tarddiad:** Wallis a'i Fab / Yr Oriel Ffrengig; o ble y prynwyd ef gan Gwendoline Davies am £130, 28 Tachwedd 1913.

**Llyfryddiaeth:** AGC, *Catalogue of the Gwendoline E. Davies Bequest of Paintings, Drawings and Sculpture*, Caerdydd, 1952, rhif 97; A. Wilton, *The Life & Work of J.M.W. Turner*, Llundain, 1979, rhif 1431.

Teitl blaenorol: *Mynyddoedd yn y Swistir.*

Ailenwyd ar ôl i David Hill adnabod y lleoliad.

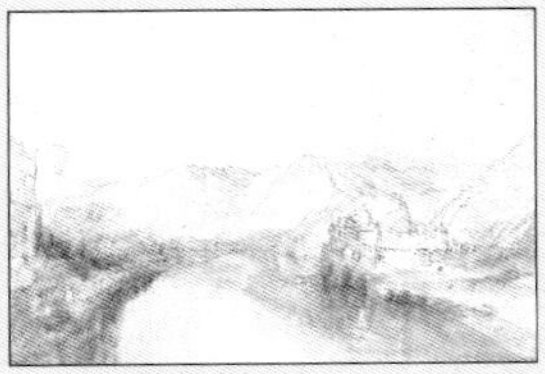

**TURNER**, Joseph Mallord William (1775-1851)

*The Mouse Tower*

**NMW A 1740**
dyfrlliw dros bensel ar bleth-bapur, 17.5 x 23.8
verso: braslun pensel o dŵr cam
Cymynroddwyd gan Gwendoline Davies, 1952

**Tarddiad:** anhysbys, mae'n fwy na thebyg ei fod wedi'i brynu gan Gwendoline Davies rhwng 1908 a 1927.

**Llyfryddiaeth:** AGC, *Catalogue of the Gwendoline E. Davies Bequest of Paintings, Drawings and Sculpture*, Caerdydd, 1952, t.26, rhif 101; A. Wilton, *The Life & Work of J.M.W. Turner*, Llundain, 1979, rhif 1346; Oriel Gelfyddyd Whitechapel, *J.M.W. Turner R.A. 1775-1851*, Llundain, 1953.

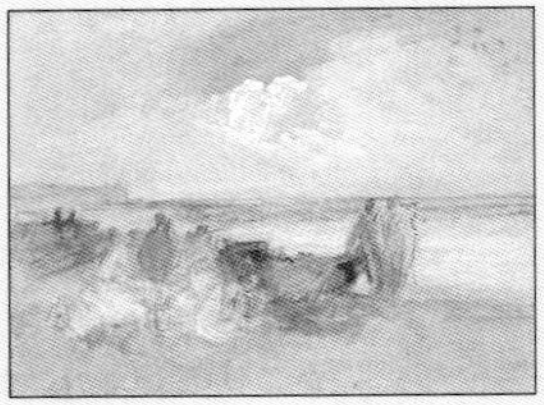

**TURNER**, Joseph Mallord William (1775-1851)

*Margate*

**NMW A 1745**
dyfrlliw a sialc ar bleth-bapur glas, 14 x 18.9
Cymynroddwyd gan Gwendoline Davies, 1952

**Tarddiad:** Hugh Blaker; D. Croal Thompson; mae'n fwy na thebyg ei fod wedi'i brynu gan Gwendoline Davies ym 1919, er nad oes cofnod o hynny.

**Llyfryddiaeth:** AGC, *Catalogue of the Gwendoline E. Davies Bequest of Paintings, Drawings and Sculpture*, Caerdydd, 1952, rhif 94, t.25; Oriel Gelfyddyd Whitechapel, *J.M.W. Turner R.A. 1775-1851*, Llundain, 1953, rhif 224; A. Wilton, *The Life & Work of J.M.W. Turner*, Llundain, 1979, rhif 920.

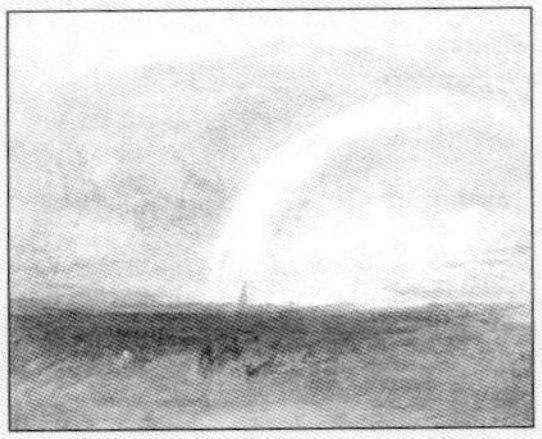

**TURNER**, Joseph Mallord William (1775-1851)

*Yr Enfys*

**NMW A 1743**
dyfrlliw ar bleth-bapur, 23.9 x 30.0
Cymynroddwyd gan Gwendoline Davies, 1952

**Tarddiad:** John Edward Taylor; gwerthwyd yn Christie's 5 Gorffennaf 1912 (85) i Thomas Agnew a'i Fab am £609; gwerthwyd i J.F. Haworth; gwerthwyd yn ôl i Thomas Agnew a'i Fab ym mis Tachwedd 1918; gwerthwyd i D. Croal Thompson; o ble y prynwyd ef gan Gwendoline Davies, 12 Gorffennaf 1919, am £800.

**Llyfryddiaeth:** AGC, *Catalogue of the Gwendoline E. Davies Bequest of Paintings, Drawings and Sculpture*, Caerdydd, 1952, t.25, rhif 98; J.T.H. Bailey (gol), 'The Taylor Collection', *The Connoisseur*, 34 (1912), tt.29-37.

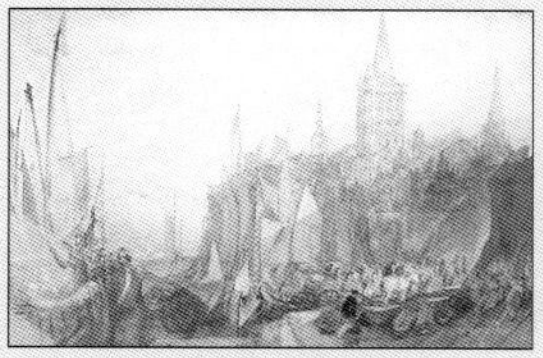

**TURNER**, Joseph Mallord William (1775-1851)

*Porth y Rhein, Cwlen, 1819*

**NMW A 1755**
dyfrlliw gyda chrafiadau ar bapur ar fwrdd, 19.9 x 30.8
Cymynroddwyd gan Gwendoline Davies, 1952

**Tarddiad:** Walter Fawkes; trwy ddisgyniad i'r Parch. Ayscough Fawkes (arysgrif ar y cefn yn nodi iddo ddod o gasgliad Farnley Hall); gwerthwyd yn Christie's, 27 Mehefin 1890 (34), i D.P. McEuen am £147; gwerthwyd yn Christie's, 1 Ebrill 1911 (79), i Eaton; Charles McEuen; gwerthwyd yn Christie's 2 Awst 1918 (84), i Hugh Blaker am £152-5-0; D Croal Thomson, Barbizon House; prynwyd ef oddi yno gan Gwendoline Davies am £350, 19 Gorffennaf 1919 **Llyfryddiaeth:** AGC, *Catalogue of the Gwendoline E. Davies Bequest of Paintings, Drawings and Sculpture*, Caerdydd, 1952, t.25, rhif 96; A. Wilton, *The Life & Work of J.M.W. Turner*, Llundain, 1979, rhif 669; Wallraf-Richartz-Museum, Cwlen, *J.M. William Turner Koln und der Rhein*, rhif 4.

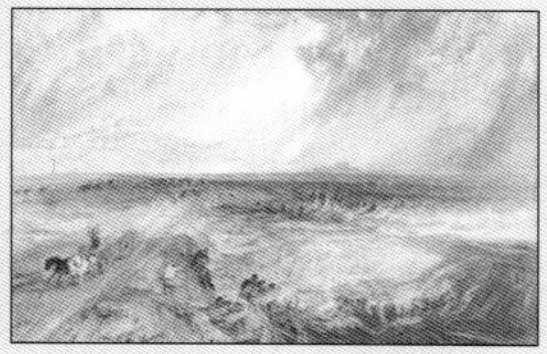

**TURNER**, Joseph Mallord William (1775-1851)

*Rye, Sussex, 1824*

**NMW A 1742**
dyfrlliw gyda chrafiadau ar bleth-bapur, 14.8 x 23.1
dyfrnod: J Whatman/Turkey Mills 1819
Cymynroddwyd gan Gwendoline Davies, 1952

**Tarddiad:** Charles Birch erbyn 1834 (rhoddwyd ar fenthyg i arddangosfa'r Royal Birmingham Society of Artists); John Miller 1858; gwerthwyd yn Christie's 20 Mai 1858 i Farrer; Matthew Uzielli; gwerthwyd yn Christie's 12 Ebrill 1861 (236) i Mason; C. Sackville Bale; gwerthwyd yn Christie's 14 Mai 1881 (194) i Vokins am £357-0-0; S.G. Holland erbyn 1886; gwerthwyd yn Christie's 25 Mehefin 1908 (262) i Hugh Blaker ar ran Gwendoline Davies am £682-10-0.

**Llyfryddiaeth:** C.F. Bell, *A list of works contributed to public exhibitions by J.M.W. Turner*, Llundain, 1901, t.169; AGC, *Catalogue of the Gwendoline E. Davies Bequest of Paintings, Drawings and Sculpture*, Caerdydd, 1952, t.25, rhif 99; A. Wilton, *The Life & Work of J.M.W. Turner*, Llundain, 1979, rhif 471; Eric Shanes, *Turner in 1066 Country exhibition catalogue*, 1998 (Oriel Gelfyddyd Hastings), rhif 43, (llun) t.7.

**Sylwadau:** Ceir darlun o'r olygfa hon yn Llyfr Brasluniau Hastings (TB CXXXIX - 21v, 22); Bu i Edward Goodall, ysgythru'r olygfa hon ar gyfer *Southern Coast*, cyfrol 1, pl.17.

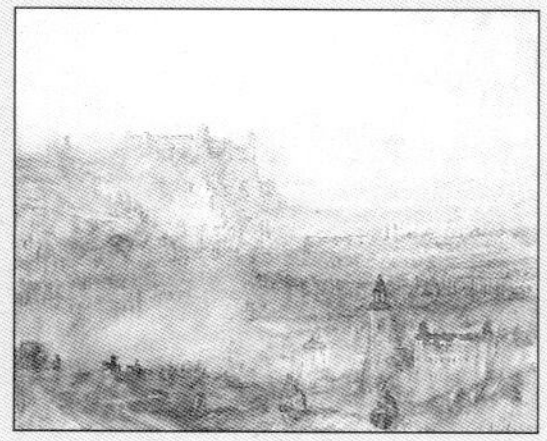

**TURNER**, Joseph Mallord William (1775-1851)

*Würzburg*

**NMW A 1753**
dyfrlliw ar bleth-bapur, 23.1 x 28.8
Cymynroddwyd gan Gwendoline Davies, 1952

**Tarddiad:** John Edward Taylor; gwerthwyd yn Christie's 5 Gorffennaf 1912 (56) i Thomas Agnew a'i Fab am £1312-10-0; D. Croal Thomson yn Barbizon House; prynwyd ef oddi wrtho gan Gwendoline Davies ar 12 Gorffennaf 1919 am £1520-0-0.
**Llyfryddiaeth:** J.T.H. Bailey (gol), 'The Taylor collection', *The Connoisseur*, 34 (1912), tt.29-37, t.36; AGC, *Catalogue of the Gwendoline E. Davies Bequest of Paintings, Drawings and Sculpture*, Caerdydd, 1952, t.351, rhif 95; Oriel Gelfyddyd Whitechapel, *J.M.W. Turner R.A. 1775-1851*, Llundain, 1953, rhif 216; A. Wilton, *The Life & Work of J.M.W. Turner*, Llundain, 1979, rhif 1322; Wallraf-Richartz-Museum, Cwlen, *J.M. William Turner Koln und der Rhein*, rhif 61.

Teitl blaenorol: *Ehrenbreitstein* a *Coblenz*.

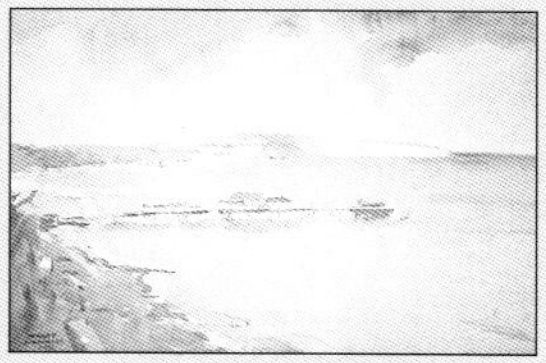

**URQUHART**, Murray (1880-1972)

*Shanklin, 1904*

**NMW A 14585**
dyfrlliw a gouache ar bleth-bapur, 34 x 54.2
wedi'i lofnodi a'i ddyddio
dyfrnod: verso: FIDELIS
Cymynroddwyd gan Margaret Davies, 1963

**Tarddiad:** anhysbys, yn eiddo i Margaret Davies erbyn 1962.

**Llyfryddiaeth:** AGC, *Catalogue of the Margaret S. Davies Bequest of Paintings, Drawings and Sculpture*, Caerdydd, 1963, t.47, rhif 150.